THE HUMANOMICS
IN THE NEW ERA

新时代
人文经济学

新华社新时代人文经济学课题组　著

新 华 出 版 社

图书在版编目（CIP）数据

新时代人文经济学 / 新华社新时代人文经济学课题组著.
北京：新华出版社, 2023.11
ISBN 978-7-5166-7175-7
Ⅰ. ①新… Ⅱ. ①新… Ⅲ. ①经济学－研究 Ⅳ. ①F0
中国国家版本馆CIP数据核字（2023）第209119号

新时代人文经济学

作　　者： 新华社新时代人文经济学课题组

出 版 人： 匡乐成　　**选题统筹：** 许　新
责任编辑： 张　谦　樊文睿　　**封面设计：** 今亮后声

出版发行： 新华出版社
地　　址： 北京石景山区京原路8号　　**邮　　编：** 100040
网　　址： http://www.xinhuapub.com
经　　销： 新华书店、新华出版社天猫旗舰店、京东旗舰店及各大网店
购书热线： 010－63077122　　**中国新闻书店购书热线：** 010－63072012

照　　排： 六合方圆
印　　刷： 三河市君旺印务有限公司

成品尺寸： 170mm × 240mm
印　　张： 11　　**字　　数：** 120千字
版　　次： 2023年11月第一版　　**印　　次：** 2024年 3 月第二次印刷

书　　号： ISBN 978-7-5166-7175-7
定　　价： 58.00元

目录

Contents

引 言 / 001

第一章　一种发展的新范式 / 004

一、什么是新时代人文经济学 / 005

二、为什么提出新时代人文经济学 / 011

第二章　以人民为中心的发展旨归 / 014

一、政在养民：以实现人民对美好生活的向往为发展出发点 / 015

二、富民为始：以促进全体人民共同富裕为发展着力点 / 018

三、功以才成，业由才广：以人口高质量发展为发展动力源 / 020

四、天人合一：以人与自然和谐共生为发展支撑点 / 023

第三章　人文经济共生共荣的生动实践 / 026

一、以文化人：人文是经济发展的深厚底蕴 / 027

二、以文兴业：文化是经济发展的重要内容 / 032

三、文化赋能：文化赋予经济发展驱动力 / 037

四、强劲支撑：经济发展丰富文化内涵 / 042

第四章　人文经济交融发展的方法论 / 048

一、把握物质与精神的关系 / 049

二、把握传统与现代的关系 / 050

三、把握效率与公平的关系 / 052

四、把握自立与互鉴的关系 / 054

第五章　创造人类文明新形态的世界贡献 / 056

一、推动经济学的"人文回归" / 057

二、打破经济增长的"人文悖论" / 059

三、为世界经济增添"人文韧性" / 060

四、传承发扬传统文化中的"人文基因" / 062

五、增进人类命运共同体的"人文共识" / 064

结　语 / 066

编写说明与致谢 / 068

Contents

Preface / 069

Chapter 1 A New Format of Development / 073

1. What is Humanomics in the New Era? / 074
2. Why is it Necessary to Establish Humanomics in the New Era? / 083

Chapter 2 The Theme of People-centered Development / 087

1. Govern for the People: Meeting People's Aspirations for a Better Life / 088
2. Raising People's Income: Promoting Common Prosperity for All as the Focus of Development / 092
3. A Wealth of Talent is Vital to the Success of a Great Cause: Taking High-quality Development of People as the Power Source / 096
4. Harmony Between Human and Nature: Focusing on Harmonious Coexistence Between Human and Nature for Development / 099

Chapter 3 A Vivid Practice of Symbiosis and Co-prosperity between Humanities and Economy / 104

1. Civilizing the People Through Culture: Humanities Serve as a Solid Foundation for Economic Development / 105

2. Promoting Business with Culture: Culture is an Essential Part of Economic Development / 115
3. Cultural Empowerment: Culture Drives Economic Development / 123
4. Strong Support: Economic Development Enriches Cultural Connotation / 131

Chapter 4 Methodology for Integrated Development of Humanities and Economy / 139

1. Grasping the Relationship Between the Material and the Spiritual / 140
2. Grasping the Relationship Between Tradition and Modernity / 143
3. Grasping the Relationship Between Efficiency and Equity / 146
4. Grasping the Relationship Between Self-reliance and Mutual Learning / 149

Chapter 5 A Contribution to the World: Creating a New Form of Human Advancement / 152

1. Promoting the "Humanistic Return" of Economics / 153
2. Breaking the "Humanistic Paradox" of Economic Growth / 155
3. Providing "Humanistic Resilience" to the World Economy / 158
4. Inheriting and Carrying Forward the "Humanistic Genes" in Traditional Culture / 161
5. Promote the "Humanistic Consensus" of a Community with a Shared Future for Humanity / 163

Conclusion / 166

Writing Explanation and Acknowledgments / 169

引 言

2023 年 8 月 15 日是中国首个全国生态日。这一天，联合国前副秘书长兼环境规划署执行主任埃里克·索尔海姆再次来到阔别已久的浙江省湖州市安吉县。他发现，在“绿水青山就是金山银山”理念指引下，安吉让竹林变“碳库”，空气换“真金”，在走向绿色的同时也创造了文化经济的繁荣。2023 年上半年，安吉旅游总收入已达 225.2 亿元。同时，良好的人文环境，助推安吉经济发展，“数字型”“平台型”新经济企业积极入驻安吉，已有 6 家新经济企业上市。

安吉的变迁是观察中国式现代化蕴含的独特世界观、价值观、历史观、文明观、生态观等的一个窗口。以文化文明视角透视，中国式现代化的发展始终聚焦于“人”的因素，实现了创造主体和价值主体的内在统一。中国正在践行这样一种发展的新范式——新时代人文经济学。即：在现代化道路中融入人文底色，将经济发展和文化繁荣融合，从“人”的视角回答发展是为了谁、依靠谁、发展成果由谁共享的命题。

新时代人文经济学立足习近平新时代中国特色社会主义思想，以人民为中心，促进人文与经济交融互生，为实现中国式现代化，助推构建中华民族现代文明，创造人类文明新形态提供雄厚物质基础和磅礴精神动力。

新时代人文经济学以实现人民对美好生活的向往为出发点，以促进全体人民共同富裕为着力点，以人口高质量发展为动力源，以人与自然和谐共生为发展支撑点，将“以人民为中心”贯穿中国式现代化的发展全过程。

新时代人文经济学赋予经济发展深厚的人文价值，注重人文与经济的相互激荡、彼此生发。文化成为经济高质量发展的深厚底蕴和“催化剂”，以文化人、以文化物、以文化世，不仅实现自身繁荣，也带动经济、社会等整体繁荣，在现代化道路的探索中满足人民群众多样化、多层次、多方面的需求和期盼。

新时代人文经济学蕴含着深刻的方法论，围绕人、文化、经济三大要素，把握物质与精神、传统文化与现代文明传承发展、公平与效率、自立与互鉴等辩证关系，超脱以“物”为载体的社会客体性现代化，聚焦以“人”为载体的主体性现代化。

作为一种“世界通用语言”，新时代人文经济学的“版权”属于中国，但创新成就和迈向现代化的机遇属于全人类。新时代人文经济学回应经济学“人文回归”的呼声，打破经济增长的“人文悖论”，为世界经济注入“人文韧性”，传承发扬传统文化中的“人文基因”，以图增进人类命运共同体的“人文认同”，推动创造人类文明新形态、塑造世界文明新格局。

“起而明之，足以经济。”[1]穿过数千年历史长河，中国语境中的经济学，始终承载着经世济民的使命和福济苍生、实现大同的终极梦想。

让经济融入人文，让人文浸润经济，让文明之光照耀世界、照亮未来。

[1]《晋书·殷浩传》。

第一章

一种发展的新范式

“第二个结合”是又一次的思想解放，让我们能够在更广阔的文化空间中，充分运用中华优秀传统文化的宝贵资源，探索面向未来的理论和制度创新。

——习近平

时代发展呼唤理论创新，理论创新引领时代发展。

中国共产党第十八次全国代表大会以来，以习近平新时代中国特色社会主义思想为根本遵循，中国共产党深刻把握人文与经济的融合互动关系，坚持以人民为中心的发展思想，大力推进中国特色社会主义文化建设，建设中华民族现代文明，为经济发展注入深厚人文底蕴，有力促进物的全面丰富和人的全面发展，不断丰富和发展人类文明新形态。在这一宏伟壮阔的实践中，逐渐探索形成一种发展的新范式——新时代人文经济学，为推进中国式现代化提供了坚实的文明逻辑。

一、什么是新时代人文经济学

新时代人文经济学坚持以人民为中心的发展思想，以繁荣的中国特色社会主义文化赋予经济发展深厚的人文价值，推动文化与经济的交融互动、融合发展，揭示了高质量发展的根源动力，是认识中国式现代化的一把钥匙。

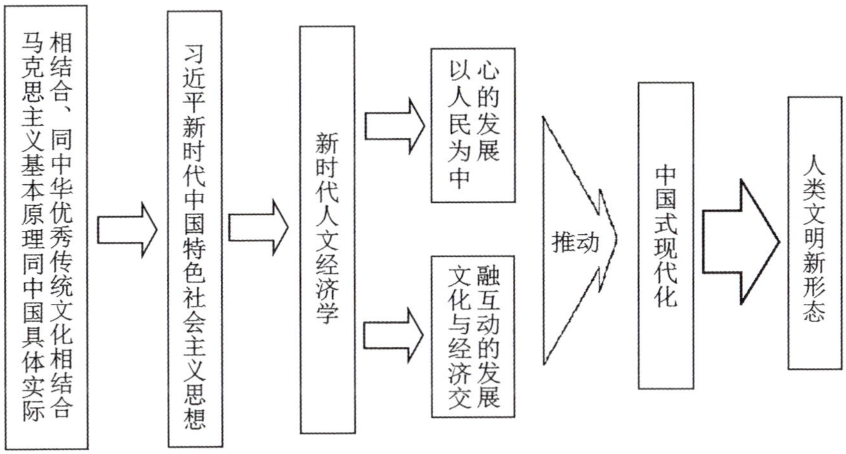

新时代人文经济学是马克思主义基本原理同中国具体实际相结合、同中华优秀传统文化相结合的智慧结晶。发展为了人民，是马克思主义政治经济学的根本立场。马克思主义政治经济学把劳动价值论作为理论基石，揭示了社会财富的真正源泉，把实现人的自由而全面的发展作为价值目标，是典型的“以人为本”的发展学。在文化与经济的关系方面，马克思主义认为，经济基础决定包含文化在内的上层建筑，但同时上层建筑反作用于经济基础。

中华优秀传统文化与马克思主义高度契合，源远流长的中华文明蕴藏着的丰富民本思想与马克思主义人民立场价值理念相通。中共中央总书记、国家主席习近平在为《复兴文库》所作的序言指出：“修史立典，存史启智，以文化人，这是中华民族延续几千年的一个传统。”[1]早在距今两三千年前的商周时期，中国政治就开始了神本向人本的转化，产生了“民之所欲，天必从之”[2]等思想观点。春秋时期，老子曰：“圣人无常心，以百姓心为心。”孔子曰：“因民之所利而利之。”数千年来，“民惟邦本，本固邦宁”[3]等民本思想代代相传，始终是中国文化的重要特质。与此同时，中华民族自古就重视文化在国家治理和发展中的作用，《礼记·祭法》云：“文王以文治，武王以武功。”以文化人、安社稷而定天下，是古代中国为政施治的基本途径。

[1] 习近平：《在复兴之路上坚定前行——〈复兴文库〉序言》，新华社，2022年9月26日。
[2]《尚书·泰誓》。
[3]《尚书·五子之歌》。

西方人文传统源于古希腊和古罗马，西方经济学创建之初，同样有着较多的人文内容。亚当·斯密认为，同情心是人的一种道德天赋，他关心劳动者的生存状况，“有大部分成员陷于贫困悲惨状态的社会，绝不能说是繁荣幸福的社会”[1]。经济与文化的关系也是诸多学者的研究内容。例如，被称为社会学三大奠基人的马克斯·韦伯在《新教伦理与资本主义精神》中认为，注重禁欲的基督教新教对现代西方资本主义的发展起到了重要推动作用。但随着理性主义兴起，西方经济学逐步忽视对人文价值、文化影响的研究，日益走入逻辑世界，“甚至走进一个数学模型构成的公式化世界，从而最终实现了去价值化，成为纯粹的科学经济学”[2]。对此，诺贝尔经济学奖获得者阿马蒂亚·森认为：“随着现代经济学与伦理学之间的隔阂的不断加深，现代经济学已经出现了严重的贫困化现象。”[3] 不少国外经济学家也在呼吁经济学的人文回归。美国经济学家迪尔德丽·南森·麦克洛斯基曾指出，“若想更好地发展经济学，我们需要构建人文经济学。与现有的经济学相比，人文经济学的理论性更开阔

[1] [英] 亚当·斯密著，郭大力等译：《国富论》，商务印书馆 2014 年版，第 73 页。
[2] 高德步：《中国经济学的人文转向》，《光明日报》2018 年 1 月 23 日，第 11 版。
[3] [印] 阿马蒂亚·森著，王宇等译：《伦理学与经济学》，商务印书馆 2018 年版，第 13 页。

且更有力度，其实证性也更宽广且更严谨。”[1]

从人类的发展历史来看，经济及文明的发展总是波浪式前进、螺旋式上升的。在拥有五千多年文明史的中华大地上，中国共产党从“人类知识的总和”中汲取优秀思想文化，在新时代实践中不断创新和发展中国共产党的理论，逐渐形成新时代人文经济学。新时代人文经济学强调，“站稳人民立场、把握人民愿望、尊重人民创造、集中人民智慧”，以一系列具有鲜明时代性、原创性、系统性成果，开拓马克思主义政治经济学新境界。

——始终坚持以人民为中心的发展思想的经济学

中国共产党的十八届五中全会鲜明提出要坚持以人民为中心的发展思想，把增进人民福祉、促进人的全面发展、朝着共同富裕方向稳步前进作为经济发展的出发点和落脚点。[2]“江山就是人民、人民就是江山”，人民立场是习近平经济思想的根本立场，充分体现在中国经济发展的奋斗目标、路径选择、主题主线等各方面。中国共产党的二十大报告强调，“必须坚持人民至上。人民性是马克思主义的本质属性，

---

[1] [美] 迪尔德丽 · N. 麦克洛斯基著，赵晓曦译：《糟糕的经济学》，中译出版社 2022 年版，前言第 1 页。

[2] 习近平：《不断开拓当代中国马克思主义政治经济学新境界》，《求是》2020 年第 16 期，第 8 页。

党的理论是来自人民、为了人民、造福人民的理论”“维护人民根本利益，增进民生福祉，不断实现发展为了人民、发展依靠人民、发展成果由人民共享，让现代化建设成果更多更公平惠及全体人民”。

——充分吸收中华优秀传统文化“养分”的经济学

中国坚持马克思主义中国化时代化，深入推进中华优秀传统文化创造性转化、创新性发展，把马克思主义思想精髓同中华优秀传统文化精华贯通起来、同人民群众日用而不觉的共同价值观念融通起来，促进外来文化本土化，不断培育和创造新时代中国特色社会主义文化，为经济发展理论创新持续注入文化力量，为新时代人文经济学提供深厚底蕴。其中，中华优秀传统文化蕴含的“民惟邦本，本固邦宁”等民本思想，以及“辉光日新”“天人合一”“兼爱非攻”“天下大同”等理念，与创新、协调、绿色、开放、共享的新发展理念高度契合。这些富有生命力的优秀文化因子，被赋予新的时代价值，成为人文经济学的重要内涵和思想宝库。

——推动文化繁荣与经济发展融合互动的经济学

文化和经济好比人类社会发展的两个车轮，经济奠定发展的物质基础，文化提供发展的动力和价值导向。习近平的系列重要论述不断强调发展中的文化作用：“以高质量文化供给增强人们的文化获得感、幸福感”“推动高质量发展，文化是重要支点”“应对共同挑战、迈向美好未来，既需要经济科技力量，也需要文化文明力量”……在发展实践中，中国注重物质文明和精神文明相协调，既追求物质富足也追求精神富有。中共中央办公厅、国务院办公厅印发的《“十四五”文化发展规划》明确指出，必须进一步发展壮大文化产业，强化文化赋能，充分发挥文化在激活发展动能、提升发展品质、促进经济结构优化升级中的作用。

——共建共享共赢创造人类文明新形态的经济学

习近平指出：“中国式现代化，深深植根于中华优秀传统文化，体现科学社会主义的先进本质，借鉴吸收一切人类优秀文明成果，代表人类文明进步的发展方向，展现了不同于西方现代化模式的新图景，是一种全新的人类文明形态。”[1] 中国提出构建人类命运共同体理念，创造性地提出一系列关于推动经济全球化健康发展的新理念新思想新战略，以中国新发展为世界提供新机遇，更好惠及各国人民。强调以文明交流超越文明隔阂、文明互鉴超越文明冲突、文明包容超越文明优越，提出全球文明倡议，推动不同文明之间平等交流、互学互鉴，“各

[1] 《习近平在学习贯彻党的二十大精神研讨班开班式上发表重要讲话强调 正确理解和大力推进中国式现代化》，新华社，2023 年 2 月 7 日。

美其美”“美美与共”，携手绘就现代化新图景，创造更加美好的人类文明新形态。

二、为什么提出新时代人文经济学

经济发展如何统筹好速度与质量？现代化的追求能否还原到“人的现代化”这一终极命题，并推动构建中华民族现代文明？发展总量不足、发展动能不足、分配失衡，导致发展成果无法实现普惠和共享，这样的全球发展赤字如何破解？新时代人文经济学，超脱以“物”为载体的社会客体性现代化，聚焦以“人”为载体的主体性现代化，正在回答中国之问、世界之问、人民之问、时代之问。

——高质量发展的内生要求

进入新时代以来，中国经济实力实现了历史性跃升，但发展不是一帆风顺的，中国仍面临不少困难和问题，包括发展不平衡不充分问题突出，推进高质量发展还有许多卡点瓶颈等。从深层次上说，中国曾经的短缺经济和供给不足的状况已经发生根本性改变，在满足人民对美好生活的向往方面，总体上已经从“有没有”转向“好不好”。

针对经济发展中的问题，顺应社会主要矛盾历史性变化，中国提出并贯彻新发展理念，着力推进高质量发展，推动构建新发展格局，实施供给侧结构性改革。具有中国特色、时代内涵的人文经济学注重在发展中保障和改善民生，以高质量发展满足人们多样化、多层次、多方面的美好生活需要，努力推动全体人民共同富裕取得更为明显的实质性进展，促进人的全面发展、社会全面进步。

——实现中国式现代化的必由之路

新时代人文经济学是实现中国式现代化的发展学。

实现人的自由全面发展，是中国式现代化建设的终极追求。以人民为中心的新时代人文经济学，回答了人口规模巨大国家如何实现均衡发展、共同富裕，如何避免发展不平衡、不充分的难题；人文与经济融合互动的新时代人文经济学，倡导精神文明与物质文明的协调发展、人与自然的和谐共生，着力避免发展不协调、不可持续；致力于构建人类命运共同体、创造人类文明新形态的新时代人文经济学，将视野投射到全人类和全世界，坚持走和平发展道路，塑造世界文明新格局。

中国式现代化是文明更新的结果，赋予中华文明以现代力量，中华文明赋予中国式现代化以深厚底蕴。新时代人文经济学有助于掌握历史主动，树立历史自信和文化自信，在新时代新征程上建设中华民族现代文明。

——全球发展赤字下的中国答卷

当前，国际形势的不稳定性、不确定性明显增加，经济全球化遭遇逆流，保护主义的负面效应日益显现，收入分配不平等、发展空间不平衡问题突出，发展赤字有增无减。

新时代人文经济学，是破解全球发展赤字的“中国方案”，为世界希望保持自身独立性的国家和民族提供了全新的选择，为更多发展中国家探索适合自己的现代化道路增添了信心。

面对全球发展赤字，中国聚焦发展为了谁、依靠谁、成果由谁共享，强调人在发展中的主体地位和主观能动性，坚持创新驱动，打造富有活力的增长模式；聚焦全人类的命运何去何从，坚持协同联动，打造开放共赢的合作模式，坚定支持经济全球化；坚持与时俱进，打造公正合理的治理模式；坚持公平包容，打造平衡普惠的发展模式，让世界各国人民共享经济全球化发展成果。

第二章

以人民为中心的发展旨归

以人民为中心的发展思想，不是一个抽象的、玄奥的概念，不能只停留在口头上、止步于思想环节，而要体现在经济社会发展各个环节。要坚持人民主体地位，顺应人民群众对美好生活的向往，不断实现好、维护好、发展好最广大人民根本利益，做到发展为了人民、发展依靠人民、发展成果由人民共享。

——习近平

“民惟邦本，本固邦宁。”

新时代人文经济学，充分吸收了中华优秀传统文化中源远流长的民本思想，深刻把握以人民为中心的发展旨归，是为人民谋幸福的思想体系与时代实践。

“以古人之规矩，开自己之生面。”[1]

新时代人文经济学，将“以人民为中心”贯穿中国式现代化道路的发展全过程：政在养民，以实现人民对美好生活的向往为发展的出发点；富民为始，以促进全体人民共同富裕为发展的着力点；功以才成，业由才广，以人口高质量发展、人才强国为发展的动力源；天人合一，以人与自然和谐共生为发展的支撑点。

一、政在养民：以实现人民对美好生活的向往为发展出发点

新时代人文经济学坚持以实现人民对美好生活的向往为出发点，部署经济工作、制定经济政策、推动经济发展，加快高质量发展，把高质量发展成果转化为人民高品质生活，不断把为人民造福事业推向前进。

中共十八大以来，以习近平同志为核心的党中央顺应人民对美好生活的新期盼，将高质量发展作为全面建设社会主义现代化国家的首要任务，将人民幸福安康作为推动高质量发展的最终目的，不断增强人民群众的获得感、幸福感、安全感。

---

[1]《芥舟学画编·摹古》。

——在推动高质量发展中不断提高居民收入

“2012年67500元、2015年83500元、2018年99000元、2022年115500元……”翻开江西省新余市渝水区姚圩镇湾里村彭家村小组村民彭金华家的“家庭账本”，家里收入情况记得清清楚楚。

彭家村小组是中国农村固定观察点之一，自上世纪80年代开始，包括彭金华在内的50位农户将每天家庭生产生活收支情况，详细记录在记账手册上。

中共十八大以来，中国经济发展中的两条曲线引人关注：一条是GDP增长曲线——从2012年的52万亿元跃升至2022年的121万亿元，另一条是全国居民人均可支配收入增长曲线——从2012年的16510元增至2022年的36883元。[1]

面向未来，中国继续将“居民收入增长与经济增长基本同步”作为经济社会发展的主要目标之一。中国社会科学院经济研究所所长黄群慧说：“居民收入增速与GDP增速总体持平这个目标，意味着老百姓充分享受到发展红利。”

——在推动高质量发展中满足人民美好生活需要

今天的中国，人们常谈起餐桌上的新变化：过去只要能“吃

[1] 国家统计局：《国家统计局关于2012年GDP（国内生产总值）最终核定的公告》；《2022年四季度和全年国内生产总值初步核算结果》。

饱”就行，农产品主要看产量，如今则越来越追求“吃好”，农产品更多看质量。

进入新时代，中国社会主要矛盾转化为人民日益增长的美好生活需要和不平衡不充分的发展之间的矛盾。顺应这一变化，中国以供给侧结构性改革为主线，推动高质量发展，不断满足人民的多样化、多层次、多方面需求。

从商超货架品类繁多的优质农产品，到群众家用的手机、空调、新能源汽车，再到乡村兴起的高端民宿……中国立足新发展阶段、贯彻新发展理念、构建新发展格局，加快高质量发展，以高质量供给满足日益升级的中国市场需求。

以汽车为例，随着国产新能源汽车产业的发展，作为现代生活象征之一的汽车加速进入中国寻常百姓家，平均每 4 个人就拥有 1 辆汽车。2022 年，中国自主品牌乘用车市场占有率接近 50%，其中自主品牌新能源乘用车市场占有率 79.9%。

高质量发展与高品质生活形成良性循环。统计数据显示，进入新时代，中国消费结构不断优化升级，最终消费支出占国内生产总值的比重连续 11 年保持在 50% 以上，国内消费需求成为拉动经济增长的主引擎。

——在推动高质量发展中保障和改善民生

翻开中国的“国家账本”，近年来，全国财政支出 70% 以上用于民生。以 2022 年为例，教育支出占全国一般公共预算支出15.1%，社会保障和就业支出占14.1%，卫生健康支出占8.7%，农林水支出占8.6%，一般公共服务支出占8.1%，城乡社区支出占7.4%[1]。

既通过促进高质量就业增加群众收入、创造高质量供给满足人民美好生活需要，又为保障和改善民生奠定更加坚实的物质基础，中国坚持在高质量发展中保障和改善民生。

今日中国，已建成世界上规模最大的教育体系、社会保障体系、医疗卫生体系，并在更高水平上为实现幼有所育、学有所教、劳有所得、病有所医、老有所养、住有所居、弱有所扶持续用力，不断把满足人民对美好生活的向往变为现实。

二、富民为始：以促进全体人民共同富裕为发展着力点

全体人民共同富裕是中国式现代化道路的重要特征。如何在高质量发展中促进共同富裕，是新时代人文经济学回答的重要问题之一。翻开世界经济史，市场经济是强国富民的可行路径，但过分强调市场竞争往往导致贫富两极分化。

在中国，共同富裕不是空泛的政治宣誓，而是一个政党团结带领全体人民进行的一场伟大社会变革：有效市场和有为政府协同发力，全国人民共同奋斗把“蛋糕”做大做好，并通过

[1] 中国政府网转引财政部网站：《2022年财政收支情况》。

合理的制度安排把“蛋糕”切好分好。

——分配制度是促进共同富裕的基础性制度

2023 年 7 月，中国人力资源和社会保障部公布全国各地最低工资标准，共有 15 个省份第一档月最低工资标准在 2000 元及以上，而十年前各地最低工资标准最高仅 1500 元。

中国致力于统筹效率和公平，不断完善分配制度，扩大中等收入群体比重，增加低收入群体收入，合理调整高收入群体税费征收办法，不断缩小城乡、地区和不同群体间收入差距。例如，从 2012 年到 2022 年，中国城乡居民收入比从 2.88 缩小至 2.45。

——促进共同富裕，重在共同，也难在共同

凉山曾被称为“中国最贫困角落”之一。2023 年全国两会上，位于大凉山深处的四川省凉山彝族自治州布拖县阿布洛哈村党支部书记吉列子日拿出的三张照片引人注目——照片中，2005 年，乡亲们住的是小木屋；2007 年，大家住上了土坯房；2020 年村庄通了路，建起了楼房，还拥有了活动室和卫生室。

中共十八大以来，中国组织实施了人类历史上规模最大、力度最强的脱贫攻坚战，让 9899 万农村贫困人口全部脱贫，创造了人类减贫史上的奇迹。随着脱贫攻坚战的胜利，一个个像阿布洛哈村这样的偏远村庄翻越世代难以逾越的“贫困大山”，贫困群众的生活变了大模样。

从脱贫攻坚到乡村振兴；从实施西部大开发，到振兴东北老工业基地，再到推动中部地区崛起；从开展对口帮扶到深化东西部协作……中国制定出台和持续推进一系列国家和区域发展战略，着力解决各领域不平衡不充分发展的问题。

——推进共同富裕是一项长期艰巨、需要不断探索的系统工程

“市场上卖 3 毛钱一斤的榨菜，工坊还是按 5 毛钱收购？”在浙江省湖州市德清县新安镇宅十堂农创基地“共富工坊”，老板沈琦面对村民的询问总是耐心解答：多出的 2 毛钱是鼓励他们安心种菜，让“共富工坊”有稳定的原材料。浙江共建成“共富工坊”5599 家，吸纳 27.8 万农民就业，人均月增收约 2600 元。

中国在全国范围内稳步推进共同富裕的同时，选择基础条件较好的浙江建设共同富裕示范区，探索促进共同富裕的政策举措。“共富工坊”、农村科技特派员、山海协作……今年，中国国家发改委总结了浙江高质量发展建设共同富裕示范区第一批六个方面十条典型经验做法，面向全国推广。

三、功以才成，业由才广：以人口高质量发展为发展动力源

2023 年 5 月 30 日，甘肃酒泉，神舟十六号载人飞船成功

飞天。3 名航天员中，年仅 37 岁的北京航空航天大学教授桂海潮格外引人关注。

桂海潮出生在中国西南边陲云南施甸县，一个寂寂无名的小镇，通过刻苦学习，他成为中国空间站首位载荷专家，实现了儿时梦想。他的成长故事激励了无数青年，成为中国重视人才培养、重视人口高质量发展的一个缩影。

习近平指出，人口发展是关系中华民族伟大复兴的大事，必须着力提高人口整体素质，以人口高质量发展支撑中国式现代化。[1]“国有贤良之士众，则国家之治厚；贤良之士寡，则国家之治薄。”[2]中国传统治理文化历来都把人才视为国家兴衰的关键因素。

新时代人文经济学，坚持人是经济社会发展全要素投入中最具活力、最具创造性、最具能动性的要素，以人口的高质量发展不断激发人民群众的积极性、主动性和创造性，为发展提供源源不竭的动力。

教育是提升人口素质的重中之重。当前，中国已建成包括学前教育、初等教育、中等教育、高等教育等在内的世界规模最大的教育体系，教育现代化发展总体水平跨入世界中上国家

---

[1] 《习近平主持召开二十届中央财经委员会第一次会议强调 加快建设以实体经济为支撑的现代化产业体系 以人口高质量发展支撑中国式现代化》，新华社，2023 年 5 月 5 日。

[2] 《墨子·尚贤》。

行列。2022 年，中国九年义务教育巩固率、高中阶段毛入学率分别达到 95.5%、91.6%。

“地球褶皱”横断山区里的云南省怒江州山高谷深、沟壑纵横，曾是中国贫困程度最深的“三区三州”之一，人均受教育年限仅 7 年多。2016 年，怒江在云南率先实施覆盖从学前教育到高中阶段的 14 年免费教育，有力保障了当地各民族学生受教育的权利。

“沿着怒江大峡谷行走，沿途每个乡镇、村寨，最漂亮的建筑几乎都是学校。”怒江州泸水市大兴地镇格力小学校长吴金凤自豪地说。

如今的中国，接受高等教育的人口超过 2.4 亿，新增劳动力平均受教育年限达 14 年，技能劳动者总量超过 2 亿人，高技能人才超过 6000 万人。中国已成为全球规模最宏大、门类最齐全的人才资源大国。

“聚天下英才而用之。”随着人口高质量发展的不断推进，中国数以亿计各类人才的积极性、主动性、创造性正被不断激发。

科技部数据显示，中国研发人员总量从 2012 年的 325 万人提高到 2022 年的超过 600 万人，规模多年保持世界首位；全社会科技研发经费支出从 2012 年的 1 万亿元增加到 2022 年的 3.09 万亿元；中国的全球创新指数排名从 2012 年的第 34 位上升至 2022 年的第 11 位，成功进入创新型国家行列。

四、天人合一：以人与自然和谐共生为发展支撑点

每到夏日，被誉为广州“绿心”的海珠国家湿地公园内绿树成荫、碧波荡漾。

占地 1100 公顷的海珠湿地是中国特大城市中面积最大的城市中央湿地。在寸土寸金的城区保留如此大面积湿地，不仅没有影响经济，反而提升了区域核心竞争力。湿地旁的琶洲人工智能与数字经济试验区，目前已吸引 50 多家互联网、数字经济企业入驻。

“绿水青山就是金山银山。”新时代人文经济学，坚持良好生态环境是最公平的公共产品，是最普惠的民生福祉。经济发展不能以破坏生态为代价，生态本身就是经济，保护生态就是发展生产力。

习近平指出，纵观人类文明发展史，生态兴则文明兴，生态衰则文明衰。工业化进程创造了前所未有的物质财富，也产生了难以弥补的生态创伤。杀鸡取卵、竭泽而渔的发展方式走到了尽头，顺应自然、保护生态的绿色发展昭示着未来。[1]

中共十八大以来，中国把生态文明建设作为关系中华民族永续发展的根本大计，开展了一系列开创性工作，美丽中国建

---

[1] 《习近平在 2019 年中国北京世界园艺博览会开幕式上的讲话》，新华社，2019 年 4 月 28 日。

设迈出重大步伐。

十年来，中国重点城市PM2.5平均浓度下降57%。2022年，中国地级及以上城市空气质量优良天数比例达86.5%，中国成为全球大气质量改善速度最快的国家；全国累计造林10.2亿亩，森林覆盖率达到24.02%，为全球贡献了约1/4的新增绿化面积，成为全球森林资源增长最快最多的国家；中国地表水优良水质断面比例提高23.8个百分点，2022年达87.9%，已接近发达国家水平。

经过顽强努力，中国天更蓝、地更绿、水更清，万里河山更加多姿多彩。

全长5000多公里的中华民族“母亲河”黄河，在历史上曾频繁发生洪灾、断流等自然灾害。遥感调查评估最新结果显示，黄河流域植被覆盖度显著增加，“绿线”向西移动约300公里。2022年，黄河干流首次全线达到Ⅱ类水质，实现连续23年不断流，“母亲河”重焕光彩。

生态文明孕育绿色发展。中共十八大以来，中国单位GDP二氧化碳排放量下降34.4%，煤炭在一次能源消费中的占比从68.5%下降到了56%，单位GDP能耗下降26.4%，是全球能耗强度降低最快的国家之一。

与此同时，中国可再生能源开发利用规模、新能源汽车产销量都稳居世界第一。可再生能源发电装机容量突破10亿千瓦，风、光、水、生物质发电装机容量稳居世界第一；2022年，中国新能源乘用车产量超过700万辆，占据世界新能源车63%，为中国经济高质量发展与转型注入新动力。

“中华文明历来崇尚天人合一、道法自然，追求人与自然和谐共生”[1]习近平说。一脉相承于中华优秀传统文化的生态文明，已成为中国式现代化的重要支撑、中华民族现代文明的亮丽底色。

[1] 《习近平在“领导人气候峰会”上的讲话》，新华社，2021年4月22日。

第三章

人文经济共生共荣的生动实践

上有天堂下有苏杭，苏杭都是在经济发展上走在前列的城市。文化很发达的地方，经济照样走在前面。可以研究一下这里面的人文经济学。

——习近平

新时代人文经济学在中国大地上的一系列实践，生动阐释了人文与经济“交融互动、融合发展”的鲜明特征。赓续千年文脉，凝聚高质量发展澎湃动能，人文因为经济加持而焕发无限生命力，经济因为注入人文含量而具有更高价值。立足马克思主义基本原理同中华优秀传统文化相结合，作为世界第二大经济体的中国在发展中始终高举人文旗帜，努力实现“中华传统文明”向“中华民族现代文明”的延续和跃升。

一、以文化人：人文是经济发展的深厚底蕴

在5000多年文明发展中孕育的中华优秀传统文化，在中国共产党和中国人民伟大斗争中孕育的革命文化和社会主义先进文化，积淀着中华民族最深层的精神追求，代表着中华民族独特的精神标识。这正是中国经济发展最深厚的根基和底蕴。

——赓续文脉塑造独特经济形态

中国是世界上历史最悠久的国家之一，有5000多年源远流长的文明历史，是世界古代文明中唯一没有中断而延续至今的。独特的历史文脉塑造了一方水土独特的经济形态，赋予适应自身的经济发展模式，也成为其经济转型升级的深层动力。

长江是中华民族的"母亲河"。千百年来，长江流域以水为纽带，形成了完整的自然经济社会大系统，造就了从巴山蜀水到江南水乡的千年文脉。

为了让"母亲河"生机盎然、焕发新颜，传承保护好中华文明起源和发展的核心区域，中共十八大以来，中国启动系统治江方略，以"共抓大保护、不搞大开发"为导向，沿线省份推进生态环境整治，促进经济社会发展全面绿色转型。"星垂平野阔，月涌大江流。"1000多年前唐朝诗人杜甫诗中描绘的

情景，如今在壮阔的三峡库区得以重现。“长江经济带”正在成为中国生态优先绿色发展主战场、畅通国内国际双循环主动脉、引领经济高质量发展主力军。

开放包容、兼收并蓄，中华文明具有突出的包容性。沿着古丝绸之路，中国的丝绸、瓷器、漆器、铁器传到西方，也传来了胡椒、亚麻、葡萄、石榴等域外物产；佛教、伊斯兰教及阿拉伯的天文、历法、医药传入中国，中国的科技发明、养蚕技术也经此传向世界。

古丝绸之路绵延千年，积淀了以和平合作、开放包容、互学互鉴、互利共赢为核心的丝路精神。结合新的历史条件，继承和发扬丝路精神，中国提出共建“丝绸之路经济带”和“21世纪海上丝绸之路”倡议，唤起了历史记忆，赋予了古丝绸之路以全新的时代内涵。

连接亚非欧的古老商贸之路焕发新生，持续造福参与共建“一带一路”的各国人民。“一带一路”所经过的中国重点省份和节点城市，也在跨文化交融中走出了开放经济的特色之路。以“丝路重镇”敦煌为例，通过建设甘肃自贸试验区敦煌片区，打造进出口物流集散中心、商业供应链中心等，在绵延文脉气韵的同时，口岸通道经济发展驶入快车道。

——文化繁荣助推经济高质量发展

推动高质量发展，文化是重要支点。在新时代人文经济学的实践中，文化繁荣绝不是孤立的，而是始终与经济、政治、社会、生态文明的繁荣融为一体。统筹推进新时代“五位一体”总体布局，坚持新发展理念，以高品质文化赋能经济高质量发展。

一座姑苏城，半部江南诗。城门排列、街巷纵横、水道交错，历经岁月沧桑，这座城市的历史和文化记忆却得以保存延续。2023 年 7 月，习近平在江苏考察时说：“苏州在传统与现代的结合上做得很好，这里不仅有历史文化的传承，而且有高科技创新和高质量发展，代表未来的发展方向。”[1]

在苏州，昆曲、古琴、宋锦、缂丝、香山帮传统建筑营造技艺、苏州端午习俗、碧螺春……垒筑起“虽由人作，宛自天开”的鼎盛人文景象。人文与经济共生共荣，打开了新的发展空间，创造了新的发展可能。厚文之“道”与精工之“技”融为一体，历史上造就驰名中外的苏工、苏作，如今则催生一大批高精尖产业，造就苏州产业之城、创新之城、开放之城的“硬实力”。

“上有天堂，下有苏杭。”读懂中国新时代人文经济学的另一个绝佳样本，在杭州。

西湖、西溪、钱塘潮，越剧、丝绸、茶文化，科创、文旅、互联网……2003 年以来，杭州的 GDP 以年均 12% 左右的

[1]《“把中国式现代化的美好图景一步步变为现实”——习近平总书记考察江苏纪实》，新华社，2023 年 7 月 8 日。

增速翻了9倍，在中国各城市中名列前茅。深厚的历史文化底蕴、和谐友善包容的人文环境，构成了这座城市的核心吸引力。

2023年金秋九月，杭州第19届亚运会顺利召开。当“更快、更高、更强——更团结”的奥林匹克格言与中华文明激情相遇，体育竞技之美与千年古都之韵相映生辉。锚定“办好一个会、提升一座城”目标，杭州让体育流量化为发展质量，让赛事红利化为经济效益，让体育竞技的魅力成为激发经济活力的关键触媒，在共同富裕示范区为世界打造一个“绿色、智能、节俭、文明”的国际赛事样板。

“文化的力量，或者我们称之为构成综合竞争力的文化软实力，总是‘润物细无声’地融入经济力量、政治力量、社会力量之中，成为经济发展的‘助推器’、政治文明的‘导航灯’、社会和谐的‘黏合剂’”。[1]“天堂之城”的新时代高质量发展，始终由习近平新时代中国特色社会主义思想做引领，杭州的历史文化做铺垫，浙江的现代文明做基础。

——坚定文化自信彰显大国风范

中华民族的历史文脉深刻地融入了中国人的现代生活，山水人文交汇成现代宜居之地，文化自信构筑起中华民族共有的

[1] 习近平：《之江新语》，浙江人民出版社2007年8月，第149页。

精神家园。这正是中国作为世界第二大经济体却从未自矜自傲、故步自封，而是坚持守正创新、谦和包容的底气。

中国首都北京，有 3000 多年建城史、870 年建都史，不仅见证了中华文明的源远流长，更彰显出中华民族深厚的文化底蕴。中共十八大以来，北京按照全国文化中心建设“一核一城三带两区”的总体框架，涵养源远流长的古都文化、丰富厚重的红色文化、特色鲜明的京味文化、蓬勃兴起的创新文化，把历史文化保护传承与高质量发展相结合，在新时代延续传承、开放包容、守正创新，展现出了大国首都的文化自信与人文气象。[1]

历经逾 7 个世纪，北京中轴线延续至今，这份活态文化遗产始终与行走在这片土地上的人们相融共生。中国共产党历史展览馆、中国国家版本馆、故宫博物院、亮马河“国际风情水岸”、国家文创实验区……北京的每一方街市、每一处山水、每一道天际轮廓线，都在延续着家国记忆。古长城、交响乐、京韵鼓、红旗颂……北京将中华优秀传统文化讲得更明白、用得更精彩，让“中国节”变成了“世界节”，让中国元素在世界舞台焕发光彩。

上海，中国经济发展的重要增长极和动力源，正在深化建设国际经济、金融、贸易、航运和科技创新中心。红色文化、海派文化、江南文化在这里激荡交融，文创产业、会展服务、

---

[1]《文脉千秋铸京华——解码首都北京的文化自信样本》，新华社，2023 年 6 月 12 日。

国际赛事彰显着“海纳百川、大气谦和”的文化自信。

兴业路76号，中共一大会址，历经百余个春秋却芳华依旧。一旁的新天地商业街区流光溢彩，与中共一大纪念馆构成开放型、街区型文化空间。现在这里已成为越来越多中国人心中最具魅力的文化地标之一。而位于上海西郊的国家会展中心（上海），主体建筑造型犹如伸展柔美的“四叶幸运草”，每年吸引全球顶级企业如约而至，成为新的国家名片。作为全球首个以进口为主题的国家级展会，每年在上海举办的进博会不仅是国际采购、投资促进的重要平台，更促进了全球人文交流和开放合作。

二、以文兴业：文化是经济发展的重要内容

中国式现代化是物质文明和精神文明相协调的现代化。深入挖掘文化价值、创新文化表现形态、推动文化与其他经济业态深度融合，新时代人文经济学的实践中，文化不断提升经济活动的附加值，激活创造力、提升发展品质、促进经济结构优化升级。

——文化创新创造增加经济社会价值

丝绸与瓷器是世界认识中国、中国走向世界的文化符号。起源于12世纪的宋锦是丝绸中三大名锦之一。近代以来宋锦制

作技艺几近失传，如今经过苏州一家丝绸企业多年钻研，不仅成功复制宋锦，还实现了机器织造。“重生”的宋锦以全新姿态走向世界舞台，进入寻常百姓家。

中国瓷都江西景德镇，千年瓷文化遇到现代文创产业，5.8万家手工制瓷作坊遍布全城，一条文创街区就入驻了创客2万多名、孵化创业实体2902个、带动上下游10万余人就业。文化与产业的相映生辉吸引了来自美国、法国、新加坡、韩国等国的艺术家、爱好者们纷纷来景德镇驻场创作，高峰时“洋景漂”达5000多人，形成了独特的“文化移民”现象。

历史文化遗产生动述说过去，深刻影响当下和未来。中共十八大以来，中国实施中华优秀传统文化传承发展工程、推动中华文明探源研究、创新中华传统文化表达形式，让收藏在深宫里的文物、陈列在广阔大地上的文化遗产、书写在古籍里的文字都活起来，全民族文化创新创造活力不断迸发。

一滴水可以见太阳，透过一座古城可以观察整个中国。漫步在有着2800多年历史的山西平遥古城，青砖黛瓦、古道悠长。从分布在城内的文物古建，到时间累积下的地域民俗文化，原真性和完整性保护传承，是这座世界文化遗产之城的生命。在传统文化的土壤上，摄影展、电影展、雕塑节等现代文化形式生根发芽，成为古城在新时代的名片，同时带动当地经济发展。

中华优秀传统文化的创造性转化、创新性发展成为激活当前经济社会发展的“一池春水”。放眼全国，“文博热”“非遗热”“传统节日热”蔚然成风，国潮文创、古风汉服成为新时尚，《唐宫夜宴》《只此青绿》等饱含中华审美特色的文艺作品叫好叫座，文化带动经济发展，滋养人民精神，构成人文经济新形态。

——文化供需两旺提升经济社会活力

进入新发展阶段，人们在满足物质需求的同时，越来越重视精神需求，满足人民美好生活需要的文化消费需求与日俱增。文以化人，文化消费通过产品和服务传达价值观念、人文素养和思想情感，创造经济收益，更充实了人们的精神世界，提升文化自信。

“诗在，长安就在。”国产动画电影《长安三万里》，用诗人高适与李白的人生追求、家国情怀和贯穿全片的48首唐诗，引发起中国人的情感和文化共鸣，截至2023年8月31日，该片票房突破18亿元，成为2023年电影暑期档中的一匹“黑马”。

令人惊叹的不仅是这部动画电影的高票房，更是由它引起的一系列文化现象：电影院变成孩子们的“大型背诗现场”、《长安诗选》等衍生品脱销、电影中的传统服饰和舞蹈引发众人模仿……一次文化消费可以成为一颗种子，在人们心中种下文化记忆、文化自信。

从经济活动本身来看，满足人民美好生活需要的文化消费需求与日俱增，当不断升级的文化需求，遇到全球第二大消费市场，将为文化产业发展打开广阔的新空间，增强经济发展的韧性和活力。

2023 年火爆的演出市场就是例证。中国演出行业协会发布的《2023 上半年全国演出市场简报》显示，2023 年上半年，全国营业性演出（不含娱乐场所演出）场次 19.33 万场，与 2022 年同比增长 400.86%；演出票房收入 167.93 亿元，与 2022 年同比增长 673.49%；观众人数 6223.66 万人次，与 2022 年同比增长超 10 倍。其中，大型演唱会带动跨城观演拉动旅游消费，满足多样化文化需求，融合演艺、餐饮、旅游等多业态的演艺新空间提振综合消费，在城市步行街、便利店“一大一小”供需旺盛，充分展现文化消费的聚合效应。

文化消费需求不仅属于中国，更属于全人类。一款来自中国的游戏《原神》已在全球 100 多个国家和地区上线，并在 2021 年至 2022 年成为海外社交平台推特上用户讨论热度最高的游戏之一。甚至连特斯拉 CEO 马斯克都曾在社交媒体上称：“迫不及待进入《原神》的世界了。”带有浓厚中国色彩的剧情、场景和细节赋予这款游戏深厚的文化底蕴，让全球玩家在审美享受中畅想游戏乐趣。游戏、小说、影视剧等一批文化产品从国内火到海外，为全世界认识中国开辟了新的窗口。

——“文化 +”助力消费升级产业转型

文化是高质量发展的增量也是引擎。随着时代变化，人们在选择消费产品和生活服务时，越来越追求功能价值之外的情感价值、符号价值等文化价值。为产品、产业注入文化因子，助力供给侧结构性改革，促进了经济活跃、消费升级。

中共二十大报告指出，“坚持以文塑旅、以旅彰文，推进文化和旅游深度融合发展。”“诗”与“远方”激活了人们文旅消费需求。来自文化和旅游部的数据显示，2023 年上半年，国内旅游总人次为 23.84 亿，国内旅游收入（旅游总花费）2.3 万亿元，同比增幅分别为 63.9%、95.9%。

陕西西安，千年唐风引人驻足。华灯初上，大雁塔下，大唐不夜城步行街流光溢彩、人头攒动。两公里的长街上，仿唐建筑群高大富丽，数十台唐文化主题演艺和行为艺术一步一景，游客换上唐装汉服沉浸在大唐盛景之中。这座拥有 3100 多年建城史、1100 多年建都史的古城，已将文旅产业作为彰显中华文明、打造世界人文之都的重要抓手。

近年来，文化产业和旅游产业在业态、产品、市场方面呈现蓬勃发展趋势，旅游演艺、红色旅游、乡村旅游、文化遗产旅游等融合业态蓬勃兴起。

在产业融合背景下，文化要素与经济社会各领域广泛、深度融合，文化从艺术、新闻、影视、出版等传统领域迈向创新赛道。

在第十九届中国（深圳）国际文化产业博览交易会中，“文化 + 科技”“文化 + 创意”“文化 + 制造业”等新产品引人注目，展现了文化新业态为高质量发展带来的新机遇，让更多的“中国制造”变为“中国创造”。2022 年，中国文化产业实现营业收入 165502 亿元，其中数字出版、动漫、游戏数字内容服务、可穿戴智能文化设备制造等文化新业态特征较为明显的 16 个行业小类实现营业收入 50106 亿元，比 2021 年增长 6.7%，增速快于全部文化产业 5.7 个百分点。[1] 文化新业态的发展壮大有力推动产业转型升级和结构优化。

三、文化赋能：文化赋予经济发展驱动力

从文化遗产传承的生产经验，到人文理念积蓄的发展效能；从民族精神迸发的前进动力，到价值体系引领的发展方向，文化凝聚起了中国建设社会主义现代化国家的强大向心力，汇聚成以中国式现代化全面推进中华民族伟大复兴的澎湃动力。

——激发精神动力

“没有先进文化的积极引领，没有人民精神世界的极大丰富，没有民族精神力量的不断增强，一个国家、一个民族不可能屹立于世界民族之林。”[2] 以文化引领高质量发展，不仅是让人民获得精神上的享受与富足，更是在发展实践中构建出新的

[1] 国家统计局：《2022 年全国文化及相关产业发展情况报告》。

[2] 中共中央党史和文献研究院、中央学习贯彻习近平新时代中国特色社会主义思想主题教育领导小组办公室编：《习近平新时代中国特色社会主义思想专题摘编》，中央文献出版社、党建读物出版社 2023 年版，第 305 页。

价值谱系，并以此激发个人奋斗、民族奋进的不竭动力。

2023 年 7 月 6 日，苏州平江历史文化街区，一家商铺内，习近平见到了正在飞针走线的苏绣代表性传承人卢建英。当得知有的苏绣作品需要耗时一年完成时，他感慨道："中华文化的传承力有多强，通过这个苏绣就可以看出来。像这样的功夫，充分体现出中国人的韧性、耐心和定力，这是中华民族精神的一部分。"

敲响中国土地拍卖"第一槌"、率先推进证券交易所集中交易、成立第一家外汇调剂中心……作为中国改革开放的排头兵、先行地、实验区，深圳经济特区创造出约一千个"国内第一"，实现了由一座边陲小镇到具有全球影响力的国际化大都市的历史性跨越。英国《经济学人》曾这样评价："全世界超过 4000 个经济特区，头号成功典范莫过于'深圳奇迹'。""深圳奇迹"的背后是敢闯敢试、敢为人先、埋头苦干的特区精神。如今被赋予了中国特色社会主义先行示范区综合改革试点新使命、新任务的深圳正秉持着特区精神续写更多"春天的故事"。

中华优秀传统文化积淀着中华民族最深层的精神追求，代表着中华民族独特的精神标识。其中，民惟邦本、丹心报国、革故鼎新、天道酬勤、仁义礼智信等民族精神构成了中华民族的文化品格；革命文化中，建党精神、井冈山精神、长征精神、延安精神、西柏坡精神等引领中华民族实现独立；社会主义先进文化中，红旗渠精神、特区精神、载人航天精神、劳模精神等推动中国创造经济快速发展的世界奇迹。

站上新起点、扬帆新征程，战胜前进道路上的各种风险挑战，文化是重要力量源泉。中华文化历经风雨，在实践中迸发出强大精神力量，让中华民族的精神家园愈加牢固，文化自信愈加坚定。

——实现价值引领

中华优秀传统文化和传统美德是培育社会主义核心价值观、建设中华民族现代文明的"重要源泉"。中国历来十分重视文化对经济发展的价值引领作用，在政府确立经济发展目标规划、出台经济社会政策和重大改革措施时，在企业和经济组织开展各项生产经营活动时，都必须遵循社会主义核心价值观的要求，注重经济行为和价值导向、经济效益和社会效益的有机统一，实现市场经济和道德建设的良性互动。与此同时，努力让社会主义核心价值观的基本内容，成为全体人民的情感认同和行为习惯。

倡导爱岗敬业、无私奉献，在奋斗中创造精彩人生。工厂车间，有苦练本领、精益求精的青年"蓝领"，让"中国制造""中国创造"走向世界；田间地头，有"90后""00后""新农人"寒耕暑耘、精耕细作，努力把中国人的饭碗牢牢端在自己手里；建筑工地，有青年农民工不畏辛劳、夜以继日，创造了中国"一夜高楼拔地起"的建筑奇迹……

倡导诚实守信、踏实办事，有利于自己更要有利于他人。“人而无信，不知其可也。”在中国人的价值观里，诚信是安身立命、治国安邦之根本。作为儒家思想发源地的山东曲阜，不断探索实践优秀传统文化与新时代诚信文化、社会信用体系建设融合发展的新路径，将诚信建设与新时代美德健康生活、乡村振兴等农村重点工作相结合，通过鼓励村民树立好家风、日常做好人好事等来推动乡村诚信建设。

倡导和谐友善、互帮互助，发挥公益慈善的力量。以自愿捐赠的形式参与并支持慈善事业，成为先富群体和责任企业的共同选择，也是更好发挥慈善在第三次分配中作用的重要途径。中国传统慈善文化源远流长，早在东汉时期就有了济贫、赈灾等民间慈善救济事业。而如今，越来越多的中国企业家和普通百姓，愿意捐款捐物帮助别人，秉持健康财富观。近三年来，中国每年有超过百亿人次参与互联网公益；截至 2022 年底，全国登记认定的慈善组织超过 1 万个，慈善信托合同规模超过 40 亿元，年度慈善捐赠总额突破 2000 亿元。

——提升发展效能

2005 年，孕育发展于浙江省丽水市青田县的青田稻鱼共生系统成为中国首个全球重要农业文化遗产。作为当地村民千百年传承保留下来的农业种植经验和生活方式，稻鱼共生以田尽其用为理念，遵循天人合一之道，形成一种循环、生态的农业种养方式。经过千年累积沉淀和当代发展优化，当地形成了以“田面种稻、水体养鱼、鱼粪肥田、鱼粮共存”为主要内容的农业种养模式，既改善了山区人民的生活，也让山区人民萌生感恩自然之意。

截至目前，中国拥有的全球重要农业文化遗产增至 19 项，数量居世界首位。从稻鱼共生、旱作梯田的耕作实践，到村落民宅、古树深巷的乡村景观；从“取之有度，用之有节”的生态理念，到耕读为本、邻里守望的村规民约……这些全球重要农业文化遗产项目，向全球农业界讲述了一个个生动的中国故事。中华民族在数千年间孕育出“应时、取宜、守则、和谐”的农耕文化，用以指导农业生产，这是中华农耕文明对世界的重要贡献，也彰显中华文明的独特魅力。

如今，中国正在全面推进乡村振兴，农业文化遗产所蕴含的农耕智慧、生态思想、自治伦理，与以“产业兴旺、生态宜居、乡风文明、治理有效、生活富裕”为总要求的乡村振兴战略有着密切的内在联系。这将极大地推动中国乡村振兴的步伐，加快中国式现代化的进程。

长城脚下、雁栖湖畔，北京怀柔正利用文化资源和历史积淀营造人文环境，激发文化动能，推动人文怀柔建设。这个曾经以“绿水青山”为鲜明标识的北京远郊，已成为全国重大科技基础设施集聚度最高的区域之一。今年 3 月，大科学装置高能同步辐射光源直线加速器成功加速第一束电子束，综合极端条件实验装置、地球系统数值模拟装置等一批“大国重器”早已落地启用。

文化是灵魂，精神是动力。北京怀柔以文化为背景、以精神为引领提炼出了“开放、包容、创新”的人文发展理念，正凝聚力量、指导实践、提升效能，着力打造以科学城为统领的‘1+3’融合发展格局，加快建设怀柔科学城、国际会都和中国影都三张名片。

四、强劲支撑：经济发展丰富文化内涵

从广义上观照，文化包含人类在社会实践过程中所获得的物质、精神的生产能力和创造的物质、精神财富的总和，一切经济行为都是文化行为，一切商品和服务都是文化载体，一切财富都凝结为文化价值。在新时代人文经济学的视域下，经济发展创造文化价值、构建文化环境、塑造文化精神，不断丰富文化内涵，彰显中华民族现代文明的人文底蕴、时代特性和深刻影响。

——经济发展创造文化价值

烧烤技术哪家强，山东淄博尝一尝，灵魂烧烤三件套，小饼烤肉加蘸料……2023年3月以来，“淄博烧烤”火爆“出圈”，风靡中国，一跃成为网络空间的“顶流”。五一劳动节假期，在“淄

博烧烤”的带动下，淄博旅游订单同比增长2000%，吸引了来自全国各地的游客“赴淄赶烤”。“淄博烧烤”的走红不仅成为一种时髦的社会潮流，更形成了一个典型的文化现象，其背后是一种平等而开放的交流和沟通，一种自由而放松的氛围和情绪，一种尊重而包容的态度和价值，与其说是一顿美食大餐，不如说是一场文化盛宴。

实际上，美食总会引发人们的情感共鸣，以美食为载体，以文化为内核，新的文化现象、新的文化体验、新的文化价值往往应运而生。2012年，随着《舌尖上的中国》横空出世，以介绍中国各地饮食文化和风土人情的美食纪录片成为一个重要的纪录片类型，深受人们喜爱。《人生一串》《老广的味道》《风味人间》《新疆味道》等美食纪录片带领观众体验特色美食、打卡知名餐厅。人们追逐美食，很大程度上是在体验各地的风土人情，感悟各地的文化理念。

近年来，随着经济社会的不断发展，拥有多重身份、多重职业的青年群体横空出世。白天，他们也许是设计师、程序员、公司职员……身着职业服装穿梭在办公楼宇；夜里，他们也许会“变身”直播UP主、健身教练、汽车代驾……在手机镜头前绘声绘色，在健身房里挥汗如雨，在夜色中运送客人……这些青年人常常用“斜杠”来介绍自己，比如：作家/插画师/摄影师，因此被称为“斜杠青年”。

信息技术时代平台经济、零工经济、众包经济的发展带来多样化的工作门类、工作机会、工作方式；互联网信息的丰富和互联网技术的发展，让切换职业角色变得更加容易；服务业兴起，让个人可以成为独立的服务提供商……“斜杠青年”成为青年群体彰显生活态度的代名词：渴望不断接触新生事物、不断学习新的知识、不断尝试新的工作、不断拥有新的人生体验。有调查显示，全国“斜杠青年”规模已突破 8000 万人，以“80后”至“95 前”人群为主。这一群体的出现不仅成为一种社会流行风尚，更是创造出了新的文化价值。

文化让经济拥有更深厚的底蕴，经济让文化创造更多元的价值。无论经济活动的内容，还是经济发展的趋势，文化元素无处不在，文化内涵日渐丰富，文化现象层出不穷，这充分体现出经济的人文追求，诠释了新时代人文经济学的深刻机理，最大限度推动了经济的发展，促进了文化的传承。

——经济发展构建文化环境

2022 年，随着一届无与伦比的北京冬奥会成功举办，历史悠长、文化厚重、景色宜人的京张地区铭刻下闪耀全球的五环印记。体育设施的建设、奥运记忆的融入、地区发展的跃升，让京张地区拥有了更多体育旅游资源，深刻融入奥林匹克文化，让原本文化底蕴深厚的京张地区增添了更多文化元素，构建了新的文化环境。

新的文化环境给京张地区提供了新的发展机遇。2022 年，

《京张体育文化旅游带建设规划》对外发布。京张体育文化旅游带整合沿线奥运场馆、冰雪运动、工业遗产、长城古道、山水林草等丰富的文化、旅游、体育资源，推出旅游地图，统筹沿线发展，为经济发展提供了强劲动力。

从更大的空间来看，区域交流协作、融合发展为区域内创造新的文化空间，构建新的文化环境。例如，打造京津冀、长三角、粤港澳大湾区三大高质量发展动力源，让地缘相近、人缘相亲的京津冀、长三角、粤港澳等地区的居民，有了更强的身份认同和文化认同，从而进一步推动区域经济发展迈向更高层次和更高境界。

从更广的领域来看，历史进步、时代变迁、技术升级，推动更多行业的发展，改变了人们的生产生活方式和社会交往形式。例如，随着交通业和信息业的发展，人们的工作生活的时空距离大大缩短，一切都变得更加便捷、更为高效，身处新的文化环境之下，人们的工作行为、生活理念、社交方式也随之发生改变。经济发展依托文化环境，文化环境促进经济发展。文化与经济的交融互动、融合发展重新构建文化环境，又成为经济发展的新环境，从而推动了经济的发展、文化的传承、历史的进步。

——创新发展塑造人文精神

从进入自己的“天宫”空间站，到研制的C919国产大飞机完成商业首飞；从不依赖植物光合作用直接人工合成淀粉，到“中国天眼”发现持续活跃的重复快速射电暴；从“华龙一号”示范工程闪耀第三代自主核电技术到北斗导航卫星全球组网……近年来，中国人通过不懈努力，攻克一个个创新高地。

创新是引领发展的第一动力，创新驱动发展战略作为中国发展的核心战略之一，有力回应构建新发展格局、推动高质量发展的时代课题。自古以来，创新就是中华文明源远流长的内生动力，也是中国文化传承发展的力量源泉，在与经济的交融互动中，中国人的创新理念焕发出勃勃生机，绽放出时代华彩，塑造成为中华民族的民族品格和人文精神。

2021 年 12 月，共建“一带一路”的标志性工程中老铁路通车运营，老挝“陆锁国”变“陆联国”的梦想终于成真。在中老铁路开通运营前夕，习近平收到曾在上海学习铁道工程的 9 名老挝留学生的联名信：“世界最先进的铁路从中国连进老挝，也连进了我们每个人的心里……”

共建“一带一路”倡议提出十年来，已吸引世界上超过四分之三的国家和 32 个国际组织参与其中，拉动近万亿美元的投资规模。这条承载文明记忆、寄托未来梦想的希望之路，书写下一个又一个全球发展奇迹：肯尼亚有了第一条现代化铁路，马尔代夫有了第一座跨海大桥，白俄罗斯有了自己的轿车制造业，希腊比雷埃夫斯港重焕生机，塞尔维亚斯梅代雷沃钢厂再创辉煌……

中华优秀传统文化蕴含的“世界大同，天下一家”的天下观，“以义为先，义利并举”的义利观，“以和为贵，和而不同”的和平观等，为共建“一带一路”，乃至推动世界经济发展、促进全球携手前行提供了深厚的文化滋养，也塑造了“胸怀天下、立己达人”的人文精神。这不仅是中国式现代化创造的人类文明新形态，更是推动构建人类命运共同体进程中形成的人类文明新形态。

第四章

人文经济交融发展的方法论

时代是思想之母，实践是理论之源。一切划时代的理论，都是满足时代需要的产物。用以观察时代、把握时代、引领时代的理论，必须反映时代的声音，绝不能脱离所在时代的实践，必须不断总结实践经验，将其凝结成时代的思想精华。

——习近平

智慧之光穿透历史，与古为新开创未来。中国古代哲人孔子认为，“庶”“富”“教”是国家治理的三大要素，分别指向人、经济、文化。新时代以来，中国共产党以习近平新时代中国特色社会主义思想为指导，深化对经济社会发展规律、社会主义经济建设规律的认识，团结带领亿万人民攻坚克难、顽强拼搏，取得了举世瞩目的伟大成就，生动诠释新时代人文经济学的实践伟力。围绕人、文化、经济三大要素，处理好物质与精神、传统与现代、效率与公平、自立与互鉴等几对关系，成为深刻践行新时代人文经济学的应有之义。

一、把握物质与精神的关系

物质文明和精神文明，是人类认识世界、改造世界全部成果的总括和结晶。坚持物质文明和精神文明相协调，既是一个重大理论问题，也是一个重大实践命题。“当高楼大厦在我国大地上遍地林立时，中华民族精神的大厦也应该巍然耸立。”[1]正确把握物质文明和精神文明的关系，扎实推进全体人民物质富足、精神富有，是社会主义现代化的根本要求，也是新时代人文经济学的深刻内涵。

中共二十大报告中指出，中国式现代化是物质文明和精神文明相协调的现代化。中国不断厚植现代化的物质基础，不断夯实人民幸福生活的物质条件，同时大力发展社会主义先进文化，加强理想信念教育，传承中华文明，促进物的全面丰富和人的全面发展。

物质是精神的保障，没有相应的物质基础，精神生活就无从谈起。中国共产党在推进中国式现代化征程中不断创造物质财富，构筑厚实的经济条件，满足人民对美好生活的向往。进

[1] 《习近平：在文艺工作座谈会上的讲话》，新华社，2015 年 10 月 14 日。

入新时代以来，中国历史性地解决了绝对贫困问题，实现从低收入国家到中等偏上收入国家的历史性跨越，推动人民生活全方位改善。

精神对物质具有能动作用，没有先进文化的积极引领，没有人民精神世界的极大丰富，没有民族精神力量的不断增强，一个国家、一个民族不可能屹立于世界民族之林。新时代人文经济学，坚持提供丰富的精神供给，满足人民对美好生活的新期待。新时代以来，中国公共文化服务体系日趋完善，建设3000多个公共图书馆、3000多个文化馆，超九成博物馆免费开放，“村晚”“村超”“村BA”广受好评，城乡居民的精神生活更加丰富多彩，全社会凝聚力和向心力极大提升，历史主动精神和历史创造精神不断焕发。

随着中国社会主要矛盾转化为人民日益增长的美好生活需要和不平衡不充分的发展之间的矛盾，人民不仅对物质生活提出了更高的要求，对精神生活方面的要求也日益增长。统筹推进物质文明和精神文明协调发展，谋求物质生活富裕和精神生活富裕相互融合、相互促进的发展样态，是中国共产党孜孜不倦的追求。

二、把握传统与现代的关系

“文明以止，人文也。”用文明的力量使人达到至善，是中国古人倡导的人文精神。在新时代人文经济学的视域中，文化既是社会生产的产品，也参与生产的过程，既构成特定的生产力，也构建影响生产力的生产关系。先进的文化源源不断丰富经济发展内涵，赋予经济产品更多价值，推动产品升级、产业变革，持续转化为经济社会发展动能。

新时代人文经济学，是马克思主义基本原理同中国具体实际相结合、同中华优秀传统文化相结合的实践成果。把握传统与现代的关系，就是正确处理中华优秀传统文化与中华民族现代文明的关系。

传统文化是现代文明的基础和根脉。现代文明是人类历史文明演化的进步与发展，是人类文明的历史必然产物，历史上所形成和积累的各种传统文化是实现现代文明的基础，否定传统文化就是否定历史，否定民族精神，就是人为地割断自己的“根”。

不忘本来。新时代以来，中国共产党明确“文化自信是一个国家、一个民族发展中最基本、最深沉、最持久的力量”，把“两个结合”作为推进马克思主义中国化时代化的根本途径，在守正创新中推动中华优秀传统文化创造性转化、创新性发展，构筑中华文化新气象、激扬中华文明新活力。比如“北斗”组网、“嫦娥”探月、“羲和”逐日、“天问”探火、“天和”遨游苍穹，中国一系列重大科技成果的名称都有传统文化的烙印。今日之中国，中华优秀传统文化精神正在不断释放新的强大生命力，为新时代人文经济学实践提供滋养。

现代文明是对传统文化的继承和创新。在继承中发展，在守正中创新，使现代文明与传统文化更好地衔接、结合。北京冬奥盛会惊艳世界，展示新时代中国自信、包容、开放的大国形象；大唐芙蓉园梦回千年，展现中华文化包容四海、兼纳百川的精神风貌；北京中轴线、京杭大运河等一大批文化遗产活起来、火起来，绽放时代新韵……中华文化蔚为大观，光彩夺目。

中国共产党在推进中国式现代化征程中赓续古老文明，传承中华文明优秀成果，不迷失方向、不犯颠覆性错误，同时吸收人类文明崭新成果，在薪火相传、代代守护中与时俱进、推陈出新，从而有效应对现代化征程上的各种挑战。

三、把握效率与公平的关系

效率与公平是经济和社会发展追求的两大政策目标，也是衡量人类社会是否进步的两个根本的价值尺度。数百年来，效率与公平问题一直是哲学家、经济学家、社会学家和法学家不断探索与争论的重大问题，尤其在社会的政治、经济发生重大变化时，效率与公平的关系问题总是成为人们关注的焦点，这也是新时代人文经济学需要把握的一对重大关系。

践行新时代人文经济学，就是要兼顾、促进、统一效率与公平的关系，既不能因为片面追求效率而在客观上造成富者愈富、穷者愈穷的“马太效应”，也不能因为片面追求公平而影响社会活力的释放。

公平建立在效率基础之上，要提升效率不断做大发展成果“蛋糕”。从横向对比来看，实现生产效率和发展规模的提升扩大，是人类现代化发展模式的共通之处。中国共产党在新时代人文经济学实践中深刻认识到，实现社会主义现代化，必须保持经济合理增长，始终坚持“发展是硬道理”。以供给侧结构性改革提高供给体系质量和效率，以深入推进简政放权激发市场活力，以大力减税降费为企业纾困解难，构建全国统一大市场，深化要素市场化改革……中共十八大之后，一系列改革举措不断推出，极大提升了经济社会发展的效率。

效率以公平为前提，要促进公平分好发展成果“蛋糕”。贫穷不是社会主义，贫富悬殊、两极分化也不是社会主义。中国式现代化是全体人民共同富裕的现代化，强调在发展过程中维护和促进社会公平正义，着力促进全体人民共同富裕，坚决防止两极分化，让每个人都有机会分享改革发展成果，并参与到现代化进程中来，它要求创造比资本主义更高的效率，更有效地维护社会公平，更好实现效率与公平相兼顾、相促进、相统一。从完善收入分配制度，到促进基本公共服务均等化，再到主动解决地区差距、城乡差距、收入差距等问题……中国形成促进全体人民共同富裕的一整套思想理念、制度安排、政策举措，成为中国式现代化鲜明的价值底色。

四、把握自立与互鉴的关系

自立与互鉴，指的是文化自立和文明互鉴的关系。所谓文化自立，就是文化上的“和而不同”，各国坚定本国文化的自主、独立、自强，在富有历史的精神主动、高度的文化自觉、坚定的文化自信中不断创新自我；文明互鉴，即世界上不同文明之间加强交流，相互借鉴，是构建人类文明新形态的人文基础。自立与互鉴有着相互自洽的内在联系，把握二者的关系，就是厘清中国式现代化内生与外化的发展逻辑。

习近平指出，要坚定文化自信，坚持走自己的路，立足中华民族伟大历史实践和当代实践，用中国道理总结好中国经验，把中国经验提升为中国理论，实现精神上的独立自主。坚持独立自主地走中国式现代化道路，并不意味着要消灭文明的差异性，更不意味着拒斥其他文明的先进成果。文明因交流而多彩，文明因互鉴而丰富。人类始终在不同民族、不同文化的相遇相知中向前发展。

自立是互鉴的基础和前提，强调历史的精神主动。人无精神则不立，国无精神则不强。中国特色社会主义道路既承托于马克思主义的科学指导，又融汇了中华文明 5000 多年的传统智慧，是马克思主义基本原理同中国具体实际、中华优秀传统文化相互交融的结晶。坚持和发展中国特色社会主义，推动物质文明、政治文明、精神文明、社会文明、生态文明协调发展，从而创造了中国式现代化新道路，创造了人类文明新形态。

互鉴为自立创造有利条件，要求兼容并蓄的交流，开放包容，不忘本来，吸收外来。中华文明经历五千多年历史变迁，始终一脉相承，并不断地通过文化交往与融合，积淀起中华文明最深层次的智慧与追求，为中华民族生生不息、发展壮大提供了丰厚滋养。其中，“和而不同”的天下观念是中华文明的基本思想，代表着中华民族独特的精神标识。新时代人文经济学以广阔胸怀接纳外来文化的精华，并将之融入自身，不断进行消化、融合与创新，树立平等、互鉴、对话、包容的文明观，坚持人类文明的多样性，主张以文明交流超越文明隔阂、以文明互鉴超越文明冲突、以文明共存超越文明优越。

第五章

创造人类文明新形态的世界贡献

我们愿同国际社会一道，努力开创世界各国人文交流、文化交融、民心相通新局面，让世界文明百花园姹紫嫣红、生机盎然。

——习近平

现代化是全人类的共同追求。在以往现代化进程中，虽然生产力快速发展，但也带来物欲横流、贫富分化、环境破坏等一系列世界性问题。从中国式现代化实践中形成和发展起来的新时代人文经济学，创造了人类文明新形态，对人类进步事业具有重要启示意义。

一、推动经济学的“人文回归”

经济学作为一种研究和解释人类经济行为、社会经济发展规律的理论，也影响和反作用于人类经济行为、社会经济发展。

在西方理性主义思潮影响下，经济学逐渐抛弃了早期的人文传统，将全面的、真实的、有着多向度需求的人简化为片面的、理性的、追求利益最大化的“经济人”，并基于“经济人”这一基本假设，构建起一套分析和推演经济增长的理论范式。

然而，“经济人”毕竟只是人的一个向度。在基于“经济人”假设的经济学理论指导下，人们实现了经济的快速发展，也带来人性异化、物欲膨化、贫富分化等一系列问题。

诺贝尔经济学奖得主、新制度经济学的创始人罗纳德·哈里·科斯上世纪 90 年代就提出：“经济学科从人类创造财富的道德科学变为资源配置中的冷酷逻辑，人性的深度和丰富度是最显著的代价。现代经济学不再是研究人类的学科，已经失去了根基，偏离了经济现状。”[1]

与基于“经济人”假设构建起的西方主流经济学及在其指导下的经济实践相比，从中国实践中走出来的新时代人文经济

[1] ［美］迪尔德丽·南森·麦克洛斯基著，朱源等译：《糟糕的经济学》，中译出版社 2022 年版，第 6 页。

学既内含经济发展的一般规律，又推动经济学的“人文回归”，坚持以人为中心，充分考虑人的主体性和多向度需求，将实现人们对美好生活的向往作为经济发展的出发点和落脚点，最终实现人的自由而全面的发展。

这种“人文回归”也体现在对现代化的不同理解和追求中。从新时代人文经济学的视角审视，现代化不仅仅是经济的增长、科技的进步、物质的丰裕，即“物”的现代化，更是“人”的现代化。习近平指出：“现代化的最终目标是实现人自由而全面的发展。现代化道路最终能否走得通、行得稳，关键要看是否坚持以人民为中心。现代化不仅要看纸面上的指标数据，更要看人民的幸福安康。”[1]

当前，中国式现代化之所以越来越受到世界关注，不仅在于其创造的经济增长奇迹，推动中国从一个贫穷落后的农业大国快速跃升为世界第二大经济体，更在于其始终坚持以人为本，努力实现人口规模巨大、全体人民共同富裕、物质文明和精神文明相协调、人与自然和谐共生、走和平发展道路的现代化，创造了人类文明新形态。

---

[1] 《习近平在中国共产党与世界政党高层对话会上的主旨讲话》，新华社，2023 年 3 月 15 日。

二、打破经济增长的“人文悖论”

效率与公平怎么兼顾？发展与保护如何协同？物质与精神能否共进？……世界各国在选择自身发展路径时，都绕不开这些问题。

在西方主流经济学理论中，上述问题常常出现“二律背反”。甚至在一定程度上，人文被视为影响和制约经济增长的因素。

20 世纪 30 年代，英国经济学家凯恩斯在展望 100 年后的人类社会时，曾试图对这种经济与人文的“二律背反”做出解释：“当达到这一丰裕而多暇的境地之后，我们将重新拾起宗教和传统美德中最为确凿可靠的那些原则，即贪婪是一种恶癖，高利盘剥是一种罪行，爱好金钱是令人憎恶的。而那些真正走上德行美好、心智健全的正道的人，他们对未来的顾虑是最少的。我们将再次重视目的甚于手段，更看重事物的有益性而不是有用性。”

近百年后的今天，发达国家的物质丰裕已远超凯恩斯想象，但人文的回归并未如他所预想的到来。相反，西方经济学因背离人文精神而造成的问题正愈演愈烈。联合国开发计划署《2021/2022 年人类发展报告》显示，人类发展指数 30 年来首次在全球范围内连续下降。报告还警告人类发展面临多重危机，绝大多数国家人类发展正在倒退。

在全球经济学界正掀起对西方主流经济学的反思风潮之际，

中国式现代化所践行的新时代人文经济学，超越了西方主流经济学的狭隘视野，打破经济增长的“人文悖论”。在新时代人文经济学的视角中，经济与人文并非相互制约，而是共生共促的，人文不仅能为经济发展起到正向推动作用，还能为经济发展打开更加广阔的空间，提供更加持久的动力，推动经济增长从“快”向“好”转变。

加强经济与人文之间的联系，无论对于经济还是人文都是有益的。比如，中国追求人口规模巨大、全体人民共同富裕的现代化，在造福全体人民的同时，也创造了巨大的市场需求，实现了经济实力历史性跃升。

此外，中国追求物质文明和精神文明相协调的现代化，既实现了人的更好生活，也以人口高质量发展推动经济社会的更好发展；追求人与自然和谐共生的现代化，在一定阶段内或许会对经济增速造成一定影响，但能让经济发展更可持续。

“天下为公”“厚德载物”“天人合一”……中华优秀传统文化中的经典理念为世界提供了新时代人文经济学辩证把握经济与人文关系的方法论，打破了长期以来被认为无法调和的经济增长“人文悖论”。

三、为世界经济增添“人文韧性”

2023 年 1 月，在瑞士达沃斯举行的世界经济论坛年会上，

“韧性”成为各国政要、企业高管、经济学家们频频提及的热词。在世界经济增速明显放缓之际，世界需要一个更长远、更有弹性的增长战略，方能避免全球经济跌入衰退深渊，已成为各国的共识。

当今世界充满不确定性，“黑天鹅”“灰犀牛”等事件频频发生，世界经济复苏面临诸多风险挑战。面对日益严峻的世界经济问题，缺乏人文思维、人文关怀的西方主流经济学已愈发显得束手无策。资本主义国家应对经济危机的诸多措施，可以缓解和走出危机，并进入萧条、复苏、高涨的阶段，但随之而来的往往是新的更大的经济危机。

比如，过去几年，一些国家以“保经济”为由，纷纷采取量化宽松货币政策刺激经济，导致资产价格节节攀升，通货膨胀连创历史新高，物价飞速上涨，民众生活负担加重。在虚假繁荣的“泡沫”破裂之后，其最终结果是导致财富分配进一步分化，经济停滞不前，而发达经济体加息政策引发的全球“加息潮”，又导致广大发展中经济体面临资本外流、债务危机等冲击。

面对国内外复杂严峻形势，中国经济展现强劲韧性，成为世界经济的强大“稳定器”。过去三年，中国经济年均增长 4.5%，远高于世界同期约 1.8% 的平均增速。在最大限度减少新冠疫情对经济社会发展影响的同时，中国有力维护了全球产业链供应链稳定，为世界经济复苏作出了巨大贡献。世界银行报告显示，2013 年至 2021 年，中国对世界经济增长的平均贡献率达到 38.6%，超过七国集团（G7）国家贡献率的总和。

中国经济韧性背后有多方面的因素，比如规模庞大的市场、跨周期和逆周期的宏观调控、完备的产业链等，但中国的“人文韧性”也不可忽视。“治国有常，利民为本。”西汉时期《淮南子·氾论训》中的这句话，精辟阐释了中国经济韧性背后“以人为本”的人文密码。在世界又一次站在历史十字路口的当下，越来越多国家开始意识到，经济周期波动尽管是客观存在的，但应对危机的不同出发点、方法、路径，将决定一个国家的民生福祉、前途命运。

发展为了人民、发展依靠人民、发展成果由人民共享，中国经济奇迹的背后，贯穿始终的正是坚持以人民为中心的新时代人文经济学发展思想，这也为广大发展中国家构建自身经济韧性、应对经济周期提供了可借鉴的人文经济路径。

四、传承发扬传统文化中的“人文基因”

一个国家的“人文基因”，往往蕴含在其优秀传统文化中。

符合本国国情、具有本国特色，是新时代人文经济学的底色。新时代人文经济学的发展经验表明，追求现代化的同时，不能忽视自身文化传统。中国充分运用中华优秀传统文化的宝贵资源，在中华优秀传统文化的创造性转化、创新性发展中，立足本国国情探索出适合自己的发展模式。

习近平指出："每个国家和民族的历史传统、文化积淀、基本国情不同，其发展道路必然有着自己的特色。"[1]践行新时代人文经济学的发展，就是坚持以本国文明特色为底蕴、从本国人民需求出发、为本国人民谋幸福的发展。

历史实践表明，直接移植他国发展制度而忽视本土文化和基本国情的"拿来主义"，鲜有成功者。其中的"水土不服"，甚至会带来更严重的发展问题。赋予新时代人文经济学现代力量的中国式现代化，不是照抄照搬其他国家的现代化，而是赓续中华古老文明的现代化，是从中华大地生长出来的现代化。

新时代人文经济学的世界启示，并非要求世界一定要从中华文明中汲取智慧，也并非提供了一套放之四海而皆准的现代化标准，而在于表明"适合自己的才是最好的"。

现代文明之路没有固定模式，中国也不会将自己的发展模式强加于人。人类文明丰富多彩，充满发展的活力，世界各国的文明大多不乏"人文基因"。中国经验启示各国可以立足本国国情和实践，积极发挥历史主动精神，在传承自身优秀传统文化的同时，不断推进文化创新发展。依托自己国家和民族独特的精神与文化，发挥人、文化、经济协同发展的力量，独立

[1]《习近平在中共中央政治局第十八次集体学习时的讲话》，新华社，2014年10月13日。

探索出最适合自己的文明发展形态。

他山之石，可以攻玉。各国在独立自主推进现代化建设进程中，也同样可以以开放包容的心态，积极吸收借鉴其他优秀文明成果，进一步提升自己国家和民族传统文化的现代性与科学性，创造自身文明的现代形态，从中挖掘出促进经济增长的智力支持和精神动力。

五、增进人类命运共同体的"人文共识"

人文精神往往超越一国一域，饱含对人类共同命运的关照。

在中国的人文传统中，"和合"是核心概念之一，是中华民族自古以来对人类社会的美好向往。其中既包含人与人之间的关系，如崇尚和睦、以和为贵、政通人和等；也包含国与国之间的关系，如睦邻友邦、强不执弱、天下大同等。

类似的理念，也存在于其他国家和地区的人文传统中。如非洲谚语说"一根原木盖不起一幢房屋""独行快，众行远"，哈萨克斯坦谚语说"有团结的地方，定有幸福相随"，德国谚语说"一个人的努力是加法，一个团队的努力是乘法"……这些直抵人心的人文思想，成为全球化时代多数国家之间的"人文共识"。

共建"一带一路"倡议、全球发展倡议、全球安全倡议、全球文明倡议……人类命运共同体的理念，具体化为一个个人类的共同行动，得到国际社会的热烈回响。中国用实际行动表明，新时代人文经济学致力于与世界各国携手同行、合作共赢，将助力破解当前世界经济面临的难题，弥足珍贵。

而基于理性“经济人”假设的经济学，在追求各自利益最大化的博弈中，衍生出“零和博弈”的冷酷逻辑。纵观当今世界，逆全球化思潮抬头，单边主义、保护主义明显上升，单边制裁滥用等一系列问题的出现，与经济学中的利己、功利主义有着很大关系。

倡导弘扬和平、发展、公平、正义、民主、自由的全人类共同价值，新时代人文经济学从中华民族优秀传统文化中的人文传统出发，基于世界各国传统文化中的“人文共识”，致力于推动构建人类命运共同体的努力，得到国际社会广泛赞誉。

结　语

在人类发展的文明长河中，以人为本的人文传统源远流长。

现代化寄托着世界各国人民对于美好生活的向往，本应是延续人文传统、实现人的自由而全面发展的过程。然而，在从传统走向现代的进程中，人们往往更多重视生产的发展、物质的丰裕、财富的增长，对“物”的追求逐渐超过对“人”的关怀，现代化与人文传统渐行渐远，甚至出现悖反。

工业革命两百多年来，人类创造的物质财富远远超过以往一切时代的总和，极大改善了人们的物质生活，但越来越多问题也日益凸显：贫富两极分化加剧，资源环境消耗过度，单边主义、保护主义抬头，和平赤字、发展赤字、信任赤字、治理赤字加重，拜金主义、享乐主义、极端个人主义盛行……

世界怎么了？人类向何处去？

在越来越多反思与追问中，源自人类文明长河深处的人文传统重新回归。经济繁荣、人文鼎盛，一直是中国人对休明盛世的美好向往。中国历史上形成了“盛世修典”“盛世修文”的传统，在经济繁荣和社会安定基础上编纂经典、加强文化建设，同时又以文化建设促进经济繁荣和社会发展。这当中蕴含着文化与经济相互促进的深刻哲理。

进入新时代，习近平在强调经济基础作用、指出“发展是解决一切问题的总钥匙”的同时，也强调文化对经济发展的促进作用，提出“文化很发达的地方，经济照样走在前面”“推动高质量发展，文化是重要支点”“应对共同挑战、迈向美好未来，既需要经济科技力量，也需要文化文明力量”等重要论述。这些创新性理念为新时代把握文化与经济的关系提供了思想和行动指南，孕育出新时代人文经济学，成功开辟出一条中国式现代化道路，向世界展现了一幅现代化的新图景。

每一个国家和地区都有自己的文化，每一个国家和地区的文化中都闪耀着人文之光。新时代人文经济学启示人们始终锚定“人的现代化”本质，结合本国、本地区发展实际，从本国、本地区优秀传统文化中汲取人文养分，坚持以人为本，注重文化与经济的交融互动，实现人的自由而全面的发展。

文明因交流而多彩，文明因互鉴而丰富。让我们携手与共，共同创造一个更加美好的世界，共同开创人类文明新形态！

编写说明与致谢

《新时代人文经济学》智库报告由新华通讯社社长、新华社国家高端智库学术委员会主任傅华任组长，总编辑吕岩松任副组长，副总编辑任卫东任执行副组长，课题组成员包括刘刚、崔峰、傅琰、孔翔鑫、陈刚、郭强、庞明广、袁军宝、周科、俞菀、周蕊、蔡馨逸、张格、刘爱虹、何慧媛、郭洪海、梁劲、冯侯等。

2023年5月课题立项启动后，课题组开展集中学习研讨，深入调研走访，撰写智库报告，并反复修改打磨，历时6个月最终完成。

在报告写作和发布过程中，中国社会科学院哲学研究所党委书记王立胜、中央财经大学文化经济研究院院长魏鹏举、中国人民大学经济学院教授高德步、北京师范大学艺术与传媒学院副院长杨乘虎、南开大学马克思主义学院副院长王生升、中国原创经济学论坛理事长高连奎等专家学者给予了多方面的帮助和指导，在此一并表示诚挚谢意。

Preface

August 15, 2023, is the first National Ecology Day in China. On that day, Erik Solheim, former Under-Secretary-General of the United Nations (UN) and Executive Director of the UN Environment Program, revisited Anji County, Huzhou City, Zhejiang Province, after a long time. He discovered that Anji had turned bamboo groves into "carbon banks" guided by the idea of "lucid waters and lush mountains are invaluable assets." He also discovered that it had transformed fresh air into "real gold," creating cultural and economic prosperity on the path to embracing a greener environment. In the first quarter of 2023, tourism and cultural revenue in Anji reached RMB 10.55 billion. At the same time, the exemplary culture and environment boost Anji's economic development by attracting IT and digital enterprises, of which six companies have completed their IPO.

Changes in Anji provide a window for observing the unique worldview, values, historical perspectives, cultural views, and ecological concepts inherent in Chinese modernization. Viewed through the lens of cultural civilization, the path to Chinese modernization has never been "cold and detached." Instead, it has always focused on the "human" factor, achieving an inherent unity between the creative and value subjects. China is practicing a new development paradigm—humanomics in the new era. That is, we should integrate humanistic factors into economic modernization and cultural prosperity to answer from a "human" perspective the questions: Who is the development for? On whom does it rely? And who shares its benefits?

Humanomics in the new era takes root in Xi Jinping Thought on Socialism with Chinese Characteristics for a New Era, puts people first, and promotes the integration and interdependence between humanities and economy. It can provide a solid material foundation and strong spiritual motivation for achieving Chinese modernization, building a modern civilization of the Chinese nation, and creating a new form of human achievement.

Humanomics regards "put people in the first place" as the top priority throughout the path to Chinese modernization. It focuses on meeting people's aspirations for a better life, striving for common prosperity for all, promoting human capital development for a great cause, and aiming for a harmonious coexistence between humans and nature.

Humanomics in the new era endows economic development with profound humanistic value, focusing on the mutual stimulation and development of humanities and economy. Culture has become a solid foundation and catalyst for high-quality economic development. Cultural prosperity may inspire the development of people, economy, and society to meet people's diversified, multi-faceted needs at various levels in exploring modernization.

Humanomics in the new era embodies a profound methodology and focuses on the three major elements: people, culture, and economy. It stresses the dialectical relationship between material and spirit, inheritance and development, tradition and modernization, fairness and efficiency, and self-reliance and mutual learning. It transcends objective modernization with "things" as the carrier and focuses on subjective modernization with "people" as the carrier.

Humanomics in the new era is made in China, but its innovative achievements and opportunities to realize modernization may serve the whole world. It responds to the call for a "humanistic return" in economics, breaks the "humanistic paradox" of economic growth, and enhances the people-based resilience of the global economy. It inherits and carries forward the humanistic genes in traditional Chinese culture to enhance the "cultural identity" within the human community with a shared future and create new forms of human advancement and civilization.

"If you apply your talent one day, you can serve the country and benefit society (with your knowledge of politics and economics."[1] Economics in the Chinese context has always borne people-based thoughts through the history of thousands of years, with the ultimate goal of benefiting the people and realizing great harmony.

Let us promote the integration of economy with humanities and infuse the economy with humanity, allowing the light of civilization to shine on the world and illuminate the future.

[1] "Book of Jin·Biography of Yin Hao" .

Chapter 1

A New Format of Development

The "second integration" is another liberation of thoughts, allowing us to make full use of the precious resources of China's fine traditional culture in a broader cultural space for theoretical and institutional innovations for the future.

—Xi Jinping

The development of the times calls for theoretical innovation, which, in turn, leads the development of the times.

Since the 18th National Congress of the Communist Party of China, based on Xi Jinping Thought on Socialism with Chinese Characteristics for a New Era, the Communist Party of China has focused on the integration and interaction between humanities and economics, adhered to the people-centered development idea, and vigorously promoted the development of socialist culture with Chinese characteristics. It has been building the modern civilization of the Chinese nation, merging profound humanistic motivation into economic growth, promoting material abundance and people's all-around development, and enriching and promoting a new form of human advancement. In this magnificent practice, humanomics in the new era has been gradually explored and formed as a new development format, providing a solid logic in the cultural perspective for promoting Chinese Modernization.

1. What is Humanomics in the New Era?

Humanomics in the new era adheres to the people-centered development idea. It adds profound humanistic value to economic development with a prosperous socialist culture with Chinese characteristics, promotes the interaction between an integrated development of culture and economy, and reveals the ultimate power for high-quality growth. It is a key to understanding the Chinese modernization.

Humanomics in the new era integrates the fundamental principles of Marxism with the specific situation in China and the fine traditional Chinese culture. Development for the people is the basic

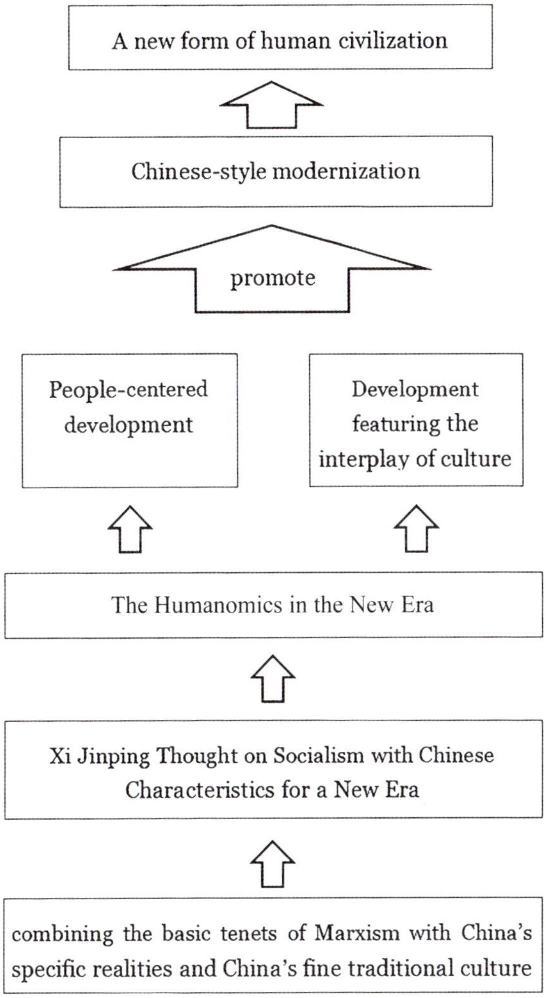

stance of Marxian political economics. Marxist political economics takes the labor theory of value as the theoretical cornerstone, reveals the true source of social wealth, and considers humanity's free and comprehensive development as its goal. It is a typical people-oriented development theory. As regards the relationship between culture and economy, Marxism believes that the economic base determines the superstructure, including culture. At the same time, the superstructure reacts on the economic base.

China's traditional culture is highly consistent with Marxism. The people-oriented idea in the long-standing Chinese civilization matches the Marxist stance and values centered on people. President Xi Jinping pointed out, "For thousands of years, the Chinese nation has the tradition to document historical records and compile classic works, to draw on the lessons of history and civilize the people through cultural development."[1] Back to the Shang and Zhou dynasties, two to three thousand years ago, China began to switch from God-centered to human-centered politics, and ideas such as "What the people want, God must follow" came into being. During the Spring and Autumn period, Laozi said, "The sage takes people's will as his own." Confucius advocated "focusing on and meeting people's benefits." For thousands of years, people-centered thoughts, like "the people are the foundation of a country and only when the foundation is solid can the country thrive" [2] has passed on as an important element of Chinese culture.

---

[1] Xi Jinping, Forging Ahead on the Journey to National Rejuvenation,Foreword to the Revitalization Library, Xinhua News Agency, September 26th, 2022

[2] "Shang Shu·Xia Shu·Song of the Five Sons".

At the same time, the Chinese nation has attached great importance to the role of culture in governing and development since ancient times. According to the "Jifa (Laws of Sacrifice)" chapter of *Liji (Book of Rites)*, "Kings reign culturally and militarily." In ancient China, a fundamental approach to governance was to nourish people in culture to achieve stability in the country.

The Western humanistic thoughts originated from the ancient Greece and Rome. When Western economics was established, it also contained profound humanistic content. Adam Smith believed that compassion is a moral gift of man and was concerned about workers' living conditions. He held that a society in which most of its members are trapped in poverty and misery can never be a prosperous and happy society.[1] The relationship between economy and culture is also an important topic in many scholars' research. For example, Max Weber, known as one of the three founders of sociology, believed in his Protestant Ethic and the Spirit of Capitalism that the asceticism-focused Protestant Christianity played an important role in promoting the development of modern Western capitalism. However, with the rise of rationalism, Western

[1] Adam Smith [English]. The Wealth of Nations. Translated by Guo Dali and Wang Yanan. Commercial Press, 2014 edition, page 73.

economics has gradually shifted its focus from humanistic values and cultural influences to the world of logic, "It even enters a formulaic world composed of mathematical models and realizes devaluation, resulting in a pure Scientific Economics."[1] In this regard, Nobel Prize winner in economics Amartya Sen believes that as the gap between modern economics and ethics continues to widen, modern economics has seen a phenomenon of severe impoverishment.[2] Many Western economists are also calling for the return of humanism in economics. American economist Deirdre Nansen McCloskey pointed out that we must build humanomics to improve economics. Compared with existing economics, Humanomics has a wider theoretical perspective and more power, and its empirical evidence is broader and more rigorous."[3]

Looking at the history of humankind, the development of economy and civilization has always encountered ebbs and flows while progressing in spirals. In China, a civilization of five thousand years, the Communist

---

[1] Gao Debu, the humanastic shift of the Chinese economics, Guangming Daily, Page 11. January 23,2018

[2] Amartya Sen, translated by Wang Yu and Wang Wenyu: "On Ethics and Economics", Commercial Press 2018, page 13.

[3] Deirdre N. McCloskey: "Bettering Humanomics: A New, and Old, Approach to Economic Science", translated by Zhao Xiaoxi, by China Translation and Publishing House,Page 1,Preface.

Party of China drew excellent ideas from "the aggregated knowledge of humankind," continuously innovated and developed the Party's theory in the practice of the new era, and gradually formed humanomics in the new era. It emphasizes that its stance should be people-oriented, reflecting the people's aspirations, creation, and wisdom. With a series of distinctive, original, and systematic achievements of the times, it explores a new chapter of Marxian political economics.

It Is the Economics Always Adhering to the People-centered Development Idea

The Fifth Plenary Session of the 18th Central Committee of the Communist Party of China clearly stated that we must adhere to the people-centered development idea and take improving people's well-being, promoting people's all-round development, and moving steadily toward common prosperity as the starting point and goal of economic development.[1] "The country is its people, and the people are the country." The people-centered position is the fundamental stance of Xi Jinping's economic thought, which is fully reflected in the goals and paths of China's economic development. The report of the 20th National Congress of the

[1] Xi Jinping: " Continuously opening up a new frontier of Marxist political economics in contemporary China ", "Qiushi", 2020.16, page 8.

Communist Party of China emphasized that "We must put the people first. People-centeredness is an essential attribute of Marxism. Our Party's theories are from the people, for the people, and beneficial to the people." "Applying a people-centered development philosophy, we must protect the people's fundamental interests, improve their well-being, and work tirelessly to ensure that development is for the people and by the people and that the people share its fruits. We must do a better job of seeing that the gains of modernization benefit all our people fairly".

It Is the Economics Nourished by China's Fine Traditional Culture

China adheres to adapting Marxism to the Chinese context and the needs of the times, promotes the creative transformation and development of the best of Chinese traditional culture, and integrates the essence of Marxism with the best of fine traditional Chinese culture and with the common values that our people intuitively apply in their everyday lives. China promotes the localization of foreign culture, cultivates and creates a socialist culture in the new era with Chinese characteristics, injects cultural impetus into the theoretical innovation of economic development, and lays a profound foundation for Humanomics in the new era. China's fine traditional culture contains many important and people-oriented ideas, including regarding the people as the foundation of the state, gradual and daily improvement, promoting harmony between humanity and nature, universal love and non-aggression, and all people under heaven are of one family. They are highly consistent with the new concept of innovative, coordinated, green, open, and shared development. The vital and excellent traditional ideas were endowed with values in the new era and have become an important ideological treasure house of Humanomics.

It Is the Economics Promoting the Integration and Interaction between Cultural Prosperity and Economic Development

Culture and economy are like two wheels for the development of human society. Economy lays the material foundation, and culture provides the power and value guidance for development. President Xi Jinping's series of important expositions have continuously emphasized the role of culture in development. He says, “Ensuring a more complete and lasting sense of fulfillment, happiness, with high-quality cultural supply,” “Culture is an important fulcrum to promote high-quality development,” “To meet our common challenges and create a better future for all, we look to culture and civilization to play their role, which is as important as the role played by economy, science, and technology.” In practice, China focuses on coordinating material and cultural-ethical advancement and pursues both material abundance and cultural-ethical enrichment. The "14th Five-Year Plan for Cultural Development" issued by the General Office of the CPC Central Committee and the General Office of the State Council clearly states that it is necessary to develop the cultural industry further, strengthen cultural empowerment, and give full play to the role of culture in activating development momentum, improving development quality, and promoting the upgrade of economic structure.

The Economics Aim to Create a New Form of Human Advancement Based on Extensive Consultation, Joint Contribution, and Shared Benefits.

Chinese President Xi Jinping pointed out: "Chinese modernization is deeply rooted in China's excellent traditional culture, embodies the advanced nature of scientific socialism, draws on and absorbs all outstanding human civilization achievements, and represents the direction of human civilization development. It shows a different picture from the Westernized modernization, and it is a new form of human advancement."[1] China has proposed the concept of building

[1] "Xi Jinping addressed at the opening ceremony of the a study session on implementing the spirit of the 20th National Congress of the Communist Party of China, emphasizing the correct understanding and vigorous promotion of Chinese modernization", Xinhua News Agency, February 7, 2023.

a community with a shared future for humanity, creatively proposed a series of new ideas, thoughts, and strategies for promoting the healthy development of economic globalization, striving to create new opportunities for the world with China's own development that delivers greater benefits to all peoples. China calls for cultural exchanges to transcend estrangement, mutual learning to transcend clashes, and coexistence to transcend feelings of superiority. The global civilization initiative focuses on tolerance, coexistence, exchanges, and mutual learning among different civilizations and calls for all civilizations to work for a new vision for modernization and create a better and new form of human advancement.

2. Why is it Necessary to Establish Humanomics in the New Era?

How do we balance the speed and quality of economic development? Can the path of modernization be traced back to the ultimate proposition of "human modernization" and promote the building of the modern civilization of the Chinese nation? Insufficient total volume and momentum of development, as well as imbalanced distribution, have blocked universal benefit and sharing of development outcomes. How can we offset this global development deficit? Humanomics in the new era transcends the materials, focuses on people's modernization, and answers the above questions from China, the world, the people, and the times.

It Is for High-quality Development

After entering the new era, China's economy has achieved a historic leap. However, it still faces many difficulties and problems, including unbalanced and inadequate development and bottlenecks in promoting high-quality development. From a deeper perspective, the past shortage and insufficient supply in the Chinese economy has changed fundamentally, and the Chinese people's need for a better life has shifted from having enough goods to enjoying high-quality ones.

In response to problems and economic and social development changes, China has put forward and applied a new development philosophy, worked hard to promote high-quality development, fostered a new development pattern, and implemented supply-side structural reforms. Humanomics with Chinese characteristics and features of the times focuses on ensuring and improving people's livelihood, meeting people's all-around and diversified needs at multiple levels with high-quality development, making substantial progress in promoting the common prosperity of all people, and promoting the all-round development of people and society.

It Is the Path that Must be Taken for Chinese Modernization

Humanomics in the new era is a development discipline for realizing Chinese modernization.

Realizing people's free and all-round development is the ultimate goal of Chinese modernization. The people-centered humanomics in the new era answers how a country with huge populations may achieve balanced development and common prosperity. Humanomics of the new era where humanities and economics integrate and interact focus on coordinating material with cultural-ethical advancement and harmonious coexistence of man and Nature to avoid uncoordinated and unsustainable development. It is committed to building a community with a shared future for humanity and creating a new form of human advancement. It broadens its vision of humankind and the world, adheres to peaceful development, and shapes a new pattern of world civilization.

Chinese modernization is the result of the renewal of the Chinese civilization. It gives Chinese civilization modern power and Chinese civilization provides it with a profound foundation. Humanomics in the new era helps build confidence in history and culture and contributes from a historical perspective to the modern civilization of the Chinese nation on the new journey of the new era.

It Is China's Answer to the Global Development Deficit

At present, global instability and uncertainty are mounting significantly, a backlash is occurring against economic globalization, the harm of protectionism is all too visible, income disparity and imbalance in development among regions are growing, and the development deficit is continuing to increase.

Humanomics of the new era is the Chinese plan to solve the global development deficit. It provides a new choice for countries and nations hoping to maintain independent decision-making. It assures the confidence of more developing countries in exploring a modernization path that suits them.

Facing the global development deficit, China focuses on the beneficiaries and contributors of the development, emphasizes people's willingness and strength, adheres to an innovation-driven development mode, and establishes a dynamic growth model. China pays attention to the future of humanity, creates an open, coordinated, and win-win cooperation model, and firmly supports economic globalization. China sticks to advancing with the times and creates a fair and reasonable governance model. China adheres to fairness and inclusiveness, creates a balanced and inclusive development model, and allows people worldwide to share the benefits of economic globalization development results.

Chapter 2

The Theme of People-centered Development

The idea of people-centered development is not an abstract or mysterious concept. It can not just stay in words and thoughts but must be reflected in all aspects of economic and social development. We must uphold the principal position of the people, meet people's aspirations for a better life, constantly strive to realize, safeguard, and advance the fundamental interests of all our people, and work tirelessly to ensure that development is for the people and by the people and that the people share its fruits.

—Xi Jinping

"The people are the foundation of a country, and only when the people lead a good life can the country thrive."

Humanomics in the new era borrows heavily from the long-standing people-oriented thinking in the fine traditional Chinese culture, upholds the theme of people-centered development, and reflects thoughts and practices at the time for seeking happiness for the people.

"One's own cause must be explored based on the fine experience of the past."[1]

Humanomics in the new era prioritizes "putting people first" throughout the entire path to Chinese modernization. Chinese development focuses on meeting people's aspirations for a better life, striving for common prosperity for all, promoting human capital development for a great cause, and aiming for a harmonious coexistence between humans and Nature.

1. Govern for the People: Meeting People's Aspirations for a Better Life

In order to meet people's aspirations for a better life, humanomics in the new era contributes to formulating economic policies and promoting high-quality development to ensure people's high-quality

[1] [Qing] Shen Zongqian: "Jiezhou on drawings" .

livelihoods and happiness.

Since the 18th National Congress of the Communist Party of China, the CPC Central Committee, with Xi Jinping as the core, has followed the people's aspirations for a better life, pursued high-quality development for building a modern socialist country in all respects, and regarded people's happiness and well-being as the ultimate goal of promoting high-quality development, thus continuously enhancing the Chinese people's sense of fulfillment, happiness, and security.

Continuously Increase Income while Promoting High-quality Development

"RMB 67,500 in 2012; RMB 83,500 in 2015; RMB 99,000 in 2018; RMB 115,500 in 2022..." The income is well recorded in his "family ledger" by Peng Jinhua, a farmer in Pengjia Group, Wanli Village, Yaowu Town, Yushui District, Xinyu City, Jiangxi Province.

The Pengjia Group is one of the fixed points for observing family income in rural China. Since the 1980s, fifty farmers, including Peng Jinhua, have recorded their daily household income and expenditure in detail.

After the 18th National Congress of the Communist Party of China, two economic curves of China are worth noting: One is the GDP growth, which jumped from RMB 54 trillion in 2012 to 121 trillion in 2022; the other is the disposable income per capita, which grew from RMB 16,510 in 2012 to 36,883 in 2022.

In the future, matching residents' income growth with the GDP growth is still one of China's leading economic and social development goals. Huang Qunhui, director of the Institute of Economics of the Chinese Academy of Social Sciences, said, "The goal of keeping the growth rate of residents' income at the same level with GDP growth in general means that ordinary Chinese can fully benefit from the development."

Meeting People's Needs for a Better Life in Promoting High-quality Development

Changes on the dining table are frequently discussed in China today: In the past, the Chinese focused on producing enough food; at present, they pay more attention to food quality and eating better.

In the new era, Chinese society's principal contradiction is between unbalanced and inadequate development and the people's ever-growing need for a better life. Accordingly, China has taken supply-side structural reform to promote high-quality development so that people's diverse, multi-faceted needs at various levels can be met.

In the new development stage, China is implementing a new development philosophy, creating new development pattern, accelerating high-quality development, and meeting escalating domestic demand with high-quality supply and products, like high-end agri-food, mobile phones, air conditioners, new energy vehicles (NEVs), and high-end rural bed and breakfasts.

With the development of the domestic NEV industry, the consumption of automobiles, one of the symbols of modern life, has accelerated in China, resulting in every four people owning a car. In 2022, the market share of domestic marques in the Chinese market was nearly 50%, and this proportion in the NEV market reached 79.9%.

A virtuous cycle between high-quality development and high-quality life has been formed. Statistics reveal that China's consumption structure has been optimized and upgraded in the new era. The proportion of final consumption expenditure in GDP has stayed above 50% for 11 consecutive years, and the domestic consumption demand has become the primary engine for economic growth.

Guaranteeing and Improving People's Well-being while Promoting High-quality Development

In recent years, over 70% of the national government expenditures have been for improving people's livelihood in China. Take 2022, for example. Education accounted for 15.1% of general government budget expenditures; social security and employment accounted for 14.1%; health accounted for 8.7%; agriculture, forestry, and water accounted for 8.6%; general public service accounted for 8.1%; and urban and rural community accounted for 7.4%.[1]

By promoting high-quality employment to increase people's income and creating high-quality supply to meet the needs of a better life while laying a more solid material foundation for safeguarding and improving people's livelihoods, China insists on ensuring and improving people's livelihoods in high-quality development.

At present, China has established the largest system for education, social security, and health in the world. China has worked continuously to ensure people's access to childcare, education, employment, medical services, elderly care, housing, and social assistance at a higher level to meet people's aspirations for a better life.

2. Raising People's Income: Promoting Common Prosperity for All as the Focus of Development

Common prosperity for all is an important feature of the Chinese

[1] "Fiscal Revenue and Expenditure in 2022", Central Government of the People's Republic of China, January 31, 2023, https://www.gov.cn/xinwen/2023-01/31/content_5739311.htm?eqid=ff78865d000f6a47000000046458c182

path to modernization. Promoting common prosperity in high-quality development is one of the important issues to be answered by humanomics in the new era. In global economic history, the market economy is a feasible way to strengthen a country and enrich its people. However, overemphasizing market competition often leads to polarization between the rich and the poor.

In China, common prosperity is not an empty political oath but a tremendous social change that a political party unites and leads all the people to carry out. An effective market and a well-functioning government can encourage the Chinese people to work together to enlarge the "economic cake" and cut and distribute fairly through reasonable institutional arrangements.

The Distribution System is a Fundamental System that Promotes Common Prosperity

In July 2023, China's Ministry of Human Resources and Social Security revealed the new minimum wage standards in various regions, and 15 provinces had set up a bar on and above RMB 2,000. Ten years ago, the highest minimum wage standard among different areas was only RMB 1,500.

China is committed to balancing efficiency and fairness and improving the distribution system constantly. It endeavors to expand the middle-income groups, increase the revenue of low-income groups, carry out a rational adjustment on high incomes, and narrow the income gaps between urban and rural areas and among regions and groups. For example, from 2012 to 2022, the income ratio of China's urban and rural residents shrank from 2.88 to 2.45.

Emphasizing the "Common" is Both the Key Priority and the Challenge in Achieving Common Prosperity.

Liangshan was once known as one of the "poorest corners of China." At the National Two Sessions in 2023, Ji Liezi, secretary of the party branch of Abloha Village, Butuo County, Liangshan Yi Autonomous Prefecture, Sichuan Province, which is located deep in Liangshan, showed three eye-catching photos. In the photo shot in 2005, the villagers lived in small cabins. However, in 2007, everyone had moved into adobe houses, and in 2020, the villagers lived in multi-story apartments with roads accessible in and out of the village. They could also enjoy themselves in community centers and receive medical care services in clinics.

Since the 18th National Congress of the Communist Party of China, China has organized and implemented the most extensive and intensive poverty alleviation campaign in human history, lifting 98.99 million rural people out of poverty, thereby creating a miracle in poverty reduction. As it concluded successively, remote villages like Abloha Village have climbed over the "insurmountable mountain of poverty," and people's lives there have changed dramatically.

To address imbalances and inadequacies in various fields of development, China has formulated and implemented a series of national and regional strategies, such as the battle against poverty, rural revitalization, the large-scale development of the Western region, the revitalization of the old industrial base in Northeast China, the rise of Central China, the deployment of paired assistance, and the deepening of the collaboration on poverty alleviation between the eastern and western regions.

Common Prosperity is a Long-term, Arduous, Systematic Project Requiring Continuous Exploration.

"The market price for pickled mustard tubers is RMB 0.3, but why does the workshop still purchase them at RMB 0.5?" Questions like this were always asked in the commonwealth workshop in Zhaishitang Agricultural Innovation Base at Xin'an Town, Huzhou City, Zhejiang Province. The workshop owner, Shen Qi, told the villagers that the extra RMB 0.2 is meant to encourage them to be consistent pickled mustard tuber providers. In Zhejiang Province, 5,599 commonwealth workshops have been set up, providing 278,000 jobs for the villagers, resulting in an income increase of RMB 2,000 per capita.

While steadily promoting common prosperity across the country, China has chosen Zhejiang, which has better development conditions, to build a common prosperity demonstration zone and explore related policies and measures, such as commonwealth workshops, rural science and technology commissioners, and cooperation between coastal and mountainous areas. This year, China's National Development and Reform Commission summarized ten typical practices across six aspects in Zhejiang in building common prosperity demonstration zones for high-quality development. These measures are to be promoted nationwide.

3. A Wealth of Talent is Vital to the Success of a Great Cause: Taking High-quality Development of People as the Power Source

On May 30, 2023, the manned spacecraft Shenzhou-16 successfully lifted off in Jiuquan, Gansu Province. The 37-year-old professor from Beijing University of Aeronautics and Astronautics, Gui Haichao, attracted particular attention among the three astronauts.

Gui Haichao was born in a barely known town in Shidian, Yunnan, on the southwestern border of China. Through diligent study, he became the first payload specialist to work in China's Space Station, realizing his childhood dream. His story has inspired countless youths and epitomized China's emphasis on talent cultivation and high-quality people development.

Xi Jinping pointed out that population growth is a significant issue related to the great rejuvenation of the Chinese nation. We must focus on improving the population's overall quality and support Chinese modernization with high-quality demographic development.[1] "Quantity and quality of talents matter most for a country's governance."[2] Talents have always been regarded as a critical factor for the rise and fall of a country in traditional Chinese culture.

Humanomics in the new era upholds that people are the most active, dynamic, and creative among all economic and social development inputs. High-quality demographic development can constantly stimulate people's enthusiasm, initiative, and creativity to generate developing power.

Education is the top priority to improve the quality of the population. At present, China has built the most extensive education

[1] "Xi urges modernization of industrial system, high-quality population development", Xinhua News Agency, May 5, 2023.

[2] "Mozi·Shangxian" .

system in the world, covering preschool, primary, secondary, and higher education, ranking at the middle and upper levels in the world. In 2022, the rate for China's nine-year compulsory education and high school enrollment reached 95.5% and 91.6% respectively.

High summits, deep valleys, and crisscrossing ravines are the ordinary scene in Nujiang Lisu Autonomous Prefecture, Yunnan province, as the prefecture is located in the Hengduan Mountains—"wrinkles of the Earth." As one of the nine districts and prefectures suffering from the gravest poverty in China, Nujiang used to have an average education period per capita of just over seven years. In 2016, Nujiang was the first prefecture in Yunnan to provide 14 years of free education from preschool to high school, safeguarding all local ethnic groups' rights to education.

"Walking along the Nu Jiang Grand Canyon, the best buildings in every town and village are schools." proudly said Wu Jinfeng, principal of Geli Primary School in Daxingdi Town, Lushui City, Nujiang Prefecture.

Present-day China has over 240 million people with higher education, a new labor force with an average of 14 years of schooling, over 200 million skilled workers, and more than 60 million highly skilled professionals. China boasts the largest and most comprehensive talent resources among all countries.

"We must attract talents globally and employ them effectively." The continuous advancement of high-quality population growth has stimulated the enthusiasm, initiative, and creativity of hundreds of millions of people in China.

According to the Ministry of Science and Technology's statistics, China's R&D personnel has increased from 3.25 million in 2012 to over 6 million in 2022, ranking first in the world for many years. The total science and technology R&D expenditure has increased from RMB 1 trillion in 2012 to RMB 3.09 trillion in 2022. China's ranking in the Global Innovation Index has risen from 34th in 2012 to 11th in 2022, making it an innovation-driven nation.

4. Harmony Between Human and Nature: Focusing on Harmonious Coexistence Between Human and Nature for Development

In midsummer, the Haizhu National Wetland Park, acclaimed as the "Green Heart" of Guangzhou, is lush with greenery, and its blue waters ripple in tranquility.

The 1,100-hectare Haizhu Wetland is the largest urban central wetland among China's mega-cities. Such a large wetland in the downtown area where land is precious has not impacted the city's economy. Instead, it has enhanced the core competitiveness of the region. The nearby Pazhou AI and Digital Economy Pilot Zone has attracted over 50 IT and digital companies to settle in.

"Lucid waters and lush mountains are invaluable assets." Humanomics in the new era insists that a healthy ecological environment is the best public good and universal welfare for people's livelihoods. Economic development cannot come at the expense of ecological degradation. Ecology is an integral part of the economy, and protecting ecology is developing productivity.

Xi Jinping pointed out that the history of civilizations shows that the rise or fall of a civilization is closely tied to its relationship with Nature. Industrialization, while generating unprecedented material wealth, has seriously damaged Mother Nature. Development without thought of the future is not sustainable. The way forward should be green development focusing on harmony with Nature and eco-friendly progress.[1]

Since the 18th National Congress of the Communist Party of China, China has regarded ecological conservation as a fundamental cause of the sustainable development of the Chinese nation and carried

[1] " Xi Jinping's Speech at the Opening Ceremony of the 2019 World Horticultural Expo in Beijing, China " , Xinhua News Agency, April 30, 2019.

out a series of pioneering endeavors, making significant progress in building a beautiful China.

In the past decades, the average concentration of PM2.5 in key metropolises across China has dropped by 57%. In 2022, the proportion of days with fine air quality in cities of the prefectural level or higher reached 86.5%, making China the country with the fastest improvement in air quality globally. The accumulated reforestation in China amounts to 1.02 billion Chinese mu (a mu equalling 1/6 of an acre). With a 24.02% forest coverage, China contributes approximately a quarter of the world's newly added green area and has the fastest growth rate in forest resources. The combined proportion of state-controlled water sections with good-quality surface water increased 23.8 percentage points to 87.9% in 2022, close to the level of developed countries.

After tenacious efforts, China has become more colorful, with a bluer sky, greener land, and clearer water.

The 5,000-kilometer-long Yellow River, known as the "Mother River" of the Chinese nation, has frequently played havoc with floods and water interruptions in history. The latest results from remote sensing surveys showed a significant increase in vegetation coverage in the Yellow River Basin, with the "green line" moving about 300 kilometers westward. In 2022, the water quality of the whole mainstream of the Yellow River reached Class II for the first time, and it had not ceased flowing for 23 consecutive years. The "Mother River" has regained its luster.

Ecological conservation promotes green development. Since the 18th National Congress of the Communist Party of China, China's CO_2 emissions per unit of its GDP have decreased by 34.4%, coal's share in the primary energy consumption has dropped from 68.5% to 56%, and energy intensity has declined by 26.4%, marking the fastest reduction in energy intensity in the world.

At the same time, the renewable energy scale and the new energy vehicle production and sales in China all rank first in the world. The installed capacity of renewable energy power generation has exceeded one billion kilowatts, and the installed capacity of wind, solar, water, and biomass power generation all ranked first in the world, respectively. In 2022, China produced over 7 million new energy vehicles, accounting for 63% of the world, injecting new impetus into the high-quality development and transformation of China's economy.

"The Chinese civilization has always valued harmony between man and Nature and observance of the laws of Nature. It has been our constant pursuit that man and Nature could live in harmony with each other,"[1] said Xi Jinping. The ecological civilization, inheriting China's fine traditional culture, has become an essential support for Chinese modernization and a splendid backdrop to the modern civilization of the Chinese nation.

---

[1] " Xi Jinping's Speech at the "Leaders' Climate Summit" ", Xinhua News Agency, April 22, 2021.

Chapter 3

A Vivid Practice of Symbiosis and Co-prosperity between Humanities and Economy

As the Chinese saying goes, "Up above is heaven, and down below are Suzhou and Hangzhou." Suzhou and Hangzhou are both cities at the forefront of economic development. As both cities enjoy advanced culture while leading in economic development, it is worth studying their humanomics.

— Xi Jinping

A series of practices of humanomics in China's new era have vividly illustrated "interaction and integrated development" that sharply characterize humanities and economy. In carrying forward the millennia-old cultural lineage and gathering surging kinetic energy for high-quality development, the humanities have been given unlimited vitality thanks to economic support, and the economy boasts a higher value because of humanistic content. Based on the adaptation of the basic tenets of Marxism to China's fine traditional culture, China, as the world's second-largest economy, has always held high the banner of humanism in its development and has striven to realize the continuation and leap from the "ancient Chinese civilization" to the "modern Chinese civilization."

1. Civilizing the People Through Culture: Humanities Serve as a Solid Foundation for Economic Development

China's fine traditional culture, born from 5,000 years of Chinese civilization and grown out of the revolutionary and advanced socialist culture that has been developed in the great struggles of the CPC and the people, embodies the deepest aspirations of the Chinese people and represents a unique symbol of the Chinese nation.[1] Such is the most profound foundation of China's economic development.

---

[1] Xi Jinping: Speech at a Ceremony Marking the 95th Anniversary of the Founding of the Communist Party of China, Xinhua News Agency, July 1, 2016.

Continuing China's Cultural Lineage to Shape a Unique Economic Form

China is one of the oldest countries in the world, with a civilization dating back more than 5,000 years, and it is the only ancient civilization in the world that has continued to this day without interruption. China's unique historical and cultural lineage has shaped its unique economic form, endowed it with a suitable economic development model, and has become the deep-seated driving force for its economic transformation and upgrading.

The Yangtze River is the Mother River of the Chinese nation. For thousands of years, with its waters as a belt, it has formed a complete natural economic and social system in its basin, creating a millennia-old cultural lineage linking the vast land of Sichuan Province and the water towns in Jiangnan (the area south of the lower reaches of the Yangtze River).

To revitalize the Mother River and conserve the core area where Chinese civilization originated and developed, China has launched a systematic river management strategy since the 18th National Congress of the Communist Party of China. Upholding the principle of "jointly focusing on extensive environmental protection and not engaging in excessive development," the provinces along the river have been improving the ecological environment and promoting the green transformation of economic and social development comprehensively. Hence, "The stars hang low in the vast sky, as the moon reflects upon the river, undulating with the waves."—the scenes depicted in a poem by Du Fu, a poet from the Tang Dynasty (618-907), has reappeared in the magnificent Three Gorges Reservoir area. The Yangtze River Economic Belt is becoming the main arena for China's ecology-first green development, the aorta for ensuring its domestic and international dual-circulation, and the leading force in driving its high-quality economic development.

Chinese civilization boasts outstanding openness and inclusiveness. Along the ancient Silk Road, China's silk, porcelain, lacquerware, and ironware were introduced to the West, while pepper, flax, grapes, pomegranates, and other foreign products were imported into the country. The ancient route brought Buddhism, Islam, and Arabic astronomy, calendars, and medicine to China, whereas scientific and technological inventions and sericulture techniques also spread worldwide.

Running for more than a millennium, the ancient network of routes has formed the Silk Road spirit centered on peace and cooperation, openness and inclusiveness, mutual learning and shared benefits. Adapting to new historical conditions and inheriting and promoting the Silk Road spirit, China has proposed the initiative of jointly building the "Silk Road Economic Belt" and the "21st Century Maritime Silk Road", which harks back to the past and adds brand new contemporary meaning to the ancient Silk Road.

The rebirth of the ancient trade routes connecting Eurasia and Africa has benefited the people in the "Belt and Road Initiative" (BRI) partner countries. The key domestic provinces and cities along the "Belt and Road" have also embarked on a path of open economy through cross-cultural integration. For example, Dunhuang, a strategically important city on the Silk Road, has built an import and export logistics distribution hub and a commercial supply chain center by constructing the Dunhuang Area of the Gansu Free Trade Pilot Zone. While preserving its cultural heritage, the city is in the fast lane of channel economy.

Cultural Prosperity Driving High-quality Economic Development

Culture is an essential fulcrum in promoting high-quality development.[1] In the practice of humanomics in the new era, cultural prosperity is by no means isolated but always integrated with

[1] Xi Jinping: Speech at a Symposium with Representatives from Education, Culture, Health, and Sports Sectors, Xinhua News Agency, September 22, 2020.

economic, political, social, and ecological prosperity. To ensure a holistic approach to the Five-sphere Integrated Plan for the new era, we should adhere to the new development philosophy and empower high-quality economic development with excellent culture.

As the saying goes, "The Suzhou city alone has inspired half of the Jiangnan poetry collection." Known for its well-arranged ancient city gates, honeycombed streets, and crisscrossing canals, Suzhou has preserved its historical and cultural heritage despite vicissitudes. During an inspection tour in Jiangsu in July 2023, President Xi Jinping said: "Suzhou has done an excellent job in integrating tradition and modernity as the city has been not only carrying forward historical and cultural heritages but also advancing hi-tech innovation and high-quality development, which represents future development." [1]

Suzhou boasts Kunqu Opera, guqin (a seven-stringed Chinese zither), Song-dynasty brocade, kesi (Chinese silk tapestry weaving), Xiangshanbang traditional architectural craftsmanship, Suzhou Dragon Boat Festival customs, Biluochun green tea—all constitute a grand

[1] "Turning the Beautiful Picture of Chinese-style Modernization into Reality Step by Step" — Records of General Secretary Xi Jinping's Visit to Jiangsu", Xinhua News Agency, July 8, 2023

cultural landscape seemed to be formed by Mother Nature though by human hands. The symbiosis and co-prosperity of culture and economy has opened new space and unleashed new possibilities for development. The city's longtime policy of prioritizing both developing culture and refining craft techniques has given rise to a bevy of Suzhou crafts already famous at home and abroad in history and a host of high-end industries in the modern era, forming the strength of Suzhou as an industrial, innovative, and open city.

As the Chinese saying goes, “Up above is heaven, and down below are Suzhou and Hangzhou.” Hangzhou is another perfect example to understand the practice of humanomics in China's new era.

The West Lake, the Xixi Wetland, the Qiantang Tide, the Yue Opera, silk, tea culture, science and innovation, culture and tourism, the Internet...Since 2003, Hangzhou's gross domestic product has increased nine times at an average annual rate of about 12 percent, ranking among the best Chinese cities. Hangzhou's profound historical and cultural heritage and harmonious, friendly, inclusive humanistic environment constitute its significant appeal.

This September saw the 19th Asian Games kick off in Hangzhou. When the Olympic motto of “Faster, Higher, Stronger – Together” met the passion of Chinese civilization, the beauty of sports competition and the charm of the millennia-old ancient capital complemented each other. Guided by the goal of "upgrading a city by hosting an international event," Hangzhou has channeled the significant traffic generated by the sports event to boost its development quality, turned the dividends of the event into economic benefits, made the charm of sports competition a pivotal catalyst to stimulate economic vitality, and created an international sporting event in the demonstration zone for common prosperity embodying "green, smart, frugal, and civilized" practices for the world.

"The power of culture, or what we call cultural soft power that constitutes comprehensive competitiveness, is always 'quietly integrated' into economic, political, and social power, becoming a booster for economic development, a navigation light for political civilization, and an adhesive for social harmony."[1] The high-quality development of "The City of Heaven" has always been guided by Xi Jinping Thought on Socialism with Chinese Characteristics for a New Era, built on Hangzhou's historical and cultural heritage and underpinned by the modern civilization of Zhejiang Province.

[1] Xi Jinping: "Culture is the Soul", quoted from Zhejiang, China: A Vision for Development, Zhejiang People's Publishing House, August 2007, P149.

Strengthening Cultural Confidence to Display the Image of a Great Country

The historical and cultural lineage of the Chinese nation has been deeply integrated into the modern life of Chinese people. For example, The confluence of landscapes, cultural heritage, and people shapes a modern and habitable place, and people's confidence in Chinese culture has built a spiritual homeland shared by the whole nation. It explains why China, as the world's second-largest economy, has never been too complacent to make progress but has always striven to break new ground while upholding fundamental principles and remaining modest and inclusive.

Beijing, the capital of China, boasts a history of more than 3,000 years as a city and 870 years as a capital. It not only bears witness to the longstanding Chinese civilization but also embodies the profound cultural heritage of the Chinese nation. Since the 18th National Congress of the Communist Party of China, Beijing, as the national cultural center guided by the general framework of "a historical and cultural city with three belts and two zones and upholding core socialist values," has been nurturing its time-honored ancient capital culture, rich and profound Red culture, distinctive Beijing-style culture, and flourishing innovative culture. Furthermore, the capital has been integrating the protection and inheritance of its history and culture with high-quality development. By carrying forward the historical and cultural traditions while remaining open and inclusive in the new era, Beijing has exhibited great cultural confidence and a humanistic atmosphere as the capital of a great country.[1]

Beijing's Central Axis has continued for more than seven centuries. This living cultural heritage has always coexisted with the people walking on this land. Museum of the Communist Party of China, the National Archives of Publications and Culture, the Palace Museum, the Liangma River International Waterfront, the National Cultural Innovation Zone...Every street market, every landscape, and every skyline in Beijing has been carrying forward the nation's memories. With the ancient Great Wall, the symphonies, the jingyun dagu (storytelling in Beijing dialect with drum accompaniment), and the Ode to the Red Flag...Beijing does a better job communicating China's fine traditional culture and utilizing it, turning the "Chinese festivals" into "World festivals" and enabling Chinese elements to shine on the global stage.

Shanghai, an important engine of China's economic growth, is building itself into an international economic, financial, trade,

[1] Beijing shaped by millennia-old cultural heritage —decoding Chinese capital Beijing as a sample of cultural confidence, Xinhua News Agency, June 12, 2023.

shipping, and technological innovation center. As Red culture, Haipai (Shanghai-style) culture, and Jiangnan culture surge and mix in Shanghai, its cultural and creative industries, exhibition services, and international events showcase the cultural confidence characterized by "inclusiveness and magnificent modesty."

Standing at 76 Xingye Road in Huangpu District for over a century, the Site of the First National Congress of the Communist Party of China (CPC) has remained as new as ever. Adjacent to the site is the bustling Xintiandi commercial area, and they have formed an open, block-style cultural space, which has become one of the most charming cultural landmarks in the hearts of more and more Chinese people.

The National Exhibition and Convention Center (Shanghai), located in the western suburbs of Shanghai, sports an architectural design that resembles a four-leaf clover, symbolic of good luck. It attracts the world's top companies yearly and becomes a new national brand. As the world's first national-level expo with importation as its theme, the China International Import Expo held annually in Shanghai is not only an important platform for international procurement and investment promotion but also a promotor of global cultural exchanges and open cooperation.

2. Promoting Business with Culture: Culture is an Essential Part of Economic Development

Chinese modernization harmonizes material and spiritual civilizations. By profoundly exploring cultural values, innovating cultural expressions, and promoting the deep integration of culture with other economic formats, the practices of humanomics in the new era have enabled culture to increase the added value of economic activities, stimulate creativity, enhance the development quality, and promote the optimization and upgrading of economic compositions.

Cultural Innovation and Creation Increase Economic and Social Value

Silk and porcelain are the cultural symbols for the world to learn about China and for China to stride onto the international stage. Song-dynasty brocade, originating in the 12th century, is one of the three most famous silk brocades. The craft of making Song-dynasty brocade was almost lost in modern times, but thanks to a silk company in Suzhou, which, after years of trial and error, has not only revived the craft but also invented machine weaving. The "reborn" Song-dynasty brocade has entered the global market, making itself accessible to everyday consumers.

China's porcelain capital, Jingdezhen in Jiangxi province, is where millennium-old porcelain culture meets the modern cultural and creative industry. About 58,000 handmade porcelain workshops dot the city. In one cultural and creative block alone, there are more than 20,000 makers, creating 2,902 entrepreneurial entities and employing over 100,000 people in the upstream and downstream industries. Integrating culture and industry in Jingdezhen has attracted artists and ceramic enthusiasts from various countries, including the United States, France, Singapore, and South Korea, to reside here for personal creations. At its peak, there were more than 5,000 "foreign Jingdezhen drifters", forming a unique phenomenon of "cultural migration."

Historical and cultural heritage not only tells the vivid stories of the past but also profoundly influences the present and future. Since the 18th National Congress of the Communist Party of China, China has implemented programs to keep China's fine traditional culture alive and strong, promoted research on tracing the origins of Chinese civilization, and innovated the expression of traditional Chinese culture. In doing so, the country aims to make cultural relics stored in museums, heritages displayed throughout the vast land, and scripts written in ancient books come alive and unleash the cultural innovation and creative vitality of the whole Chinese nation.

As the sun can be seen through a drop of water, the entire China can be observed through an ancient city. When strolling in Pingyao, an ancient town dating back more than 2,800 years in Shanxi Province, visitors can lap up its quaint charm through its gray bricks and black tiles. From the cultural relics and historical buildings dotting the city to the regional folk culture accumulated over time, everything is kept the way it was in the past, which is the life of Pingyao as a World Cultural Heritage Site. In addition, in the soil of traditional culture, contemporary cultural forms such as exhibitions of photography, movies, and sculpture have taken root, becoming a name card for the ancient city in the new era and boosting local economic development.

The creative transformation and innovative development of fine Chinese traditional culture have energized modern economic and social development. The museum craze, the intangible cultural heritage craze, and the craze for traditional festivals have swept across the country; the China-Chic cultural creative products, ancient-style hanfu (Han-dynasty-style) clothing are growing in popularity; and performance artworks that feature Chinese aesthetics such as Night Banquet in a Tang Dynasty Palace and Poetic Dance: The Journey of a Legendary Landscape Painting are well acclaimed and successful at the box office. All these examples speak volumes about culture-driven economic growth which nourishes people's minds, and creates new humanistic economic forms.

Booming Cultural Supply and Demand Boost Economic and Social Vitality

China has entered a new development stage, and people are looking to fulfill spiritual needs after their material ones have been satisfied; hence, there is an ever-growing demand for cultural consumption to meet people's needs for a better life. Culture civilizes people. Cultural consumption helps communicate values, emotions, and humanistic qualities through products and services while yielding economic benefits. Moreover, it enriches people's spiritual world and bolsters the nation's cultural confidence.

"Chang'an lives on as long as poetry lives on." The homegrown animated film *Chang'an*, featuring 48 poems, tells the life pursuits and patriotism of Tang poets Gao Shi and Li Bai, which aroused strong resonance among Chinese people. The film had fetched over RMB 1.8 billion ($246 million) as of August 31, 2023, making it a black horse at the box office in the summer of that year.

What is fantastic is not merely its high box office but also the series of cultural phenomena it caused. For example, the cinema became a large-scale poetry-reciting place for children. The movie's spin-offs, such as *Chang'an Poetry Anthology*, were sold out, and the traditional costumes and dances featured in the movie sparked imitation en masse...It illustrates that a cultural consumption experience can plant a seed of cultural memories and confidence in the hearts of consumers.

From the perspective of economic activity itself, people's demand for cultural consumption to satisfy their longing for a better life is increasing day by day. When the ever-increasing demand for cultural consumption encounters the world's second-largest consumer market, it will open a vast new space for developing the cultural industry and boost the resilience and vitality of economic development.

The booming performing arts market of 2023 is a case in point. Released by the China Association of Performing Arts, The National Performance Market Briefing for the First Half of 2023 indicated that a total of 193,300 commercial art performances (excluding performances at entertainment venues) were staged in the first half of the year, a year-on-year surge of more than 400.86 percent; the box office revenue reached RMB 16,793 billion ($2.30 billion), increasing by 673.49 percent year-on-year; and the total number of people attending was about 62.24 million, over ten times more than during the same period the year before. Among all the performances, large-scale concerts have driven tourism consumption to meet people's various cultural needs. New performing arts spaces integrating performance, catering, tourism, and other industries can boost overall consumption. In the city, supply and demand in the strip malls and convenience stores are both strong, fully demonstrating the aggregation effect in cultural consumption.

The consumption of cultural goods and services is a demand for Chinese people and humanity. Genshin Impact, a Chinese action role-playing game, has been released in more than 100 countries around the world, and it was one of the most discussed games among X (formerly Twitter) users from 2021 to 2022. Even Elon Musk, CEO of Tesla, tweeted that he "Can't wait to be in Genshin Impact." With plots, scenes, and details steeped in Chinese culture, the game enables players worldwide to enjoy the fun of gaming while taking in aesthetic delights. A raft of cultural products, including games, novels, movies, and TV series, are all the rage at home and abroad, opening a new window for the world to understand China.

"Culture +" Adds Fuel to Consumption Upgrade and Industrial Transformation

Culture is the increment and engine of high-quality development. With the changes of the times, when purchasing consumer products and services, people are paying increasing attention to their cultural values, such as emotional and symbolic values, in addition to functional ones. Incorporating cultural elements into products and industries can assist China in its supply-side structural reform and promote economic activity and consumption upgrades.

The Report to the 20th National Congress of the CPC pointed out, “We will encourage positive interplay between culture and tourism and advance deeper integration of the two sectors.” “Poetry” and “faraway places” have stimulated people's demand for culture and tourism consumption. In the first half of 2023, a total number of 2.384 billion domestic trips were made, and domestic tourism revenue (total tourism expenditure) reached 2.3 trillion yuan ($310 billion), with year-on-year increases of 63.9 percent and 95.9 percent, respectively, according to the Ministry of Culture and Tourism.

Xi’an in Shaanxi Province captivates tourists with its millennium-old Tang Dynasty (618-907) ambiance. Soon after night falls in the city, people throng under the Giant Wild Goose Pagoda and on the Grand Tang Dynasty Ever-bright City pedestrian street. Along the two-kilometer boulevard, Tang-style architecture featuring flying eaves and layered pavilions abound, dozens of Tang culture-themed performances dazzle the audience, and tourists dressed in Tang attire transport themselves to the glorious Tang Dynasty. The 3,100-year-old ancient city, with a history of 1,100 years as a capital, has taken the cultural and tourism industry as a focal point to showcase Chinese civilization and to build itself as a global hub for humanities.

The recent years have witnessed the vigorous growth of the

culture and tourism industries regarding business forms, products, and markets. Integrated business forms, such as tourism performing arts, Red tourism, rural tourism, and cultural heritage tourism, have mushroomed.

In industry integration, cultural elements have been extensively and deeply integrated with various social and economic fields. Culture is transitioning from traditional domains like art, journalism, film, and publishing toward innovation.

At the 19th China (Shenzhen) International Cultural Industries Fair, new products featuring "culture + tech" "culture + creativity" and "culture + manufacturing" have garnered much attention. They demonstrated that new cultural formats could bring new opportunities to China's high-quality development and turn more "Made in China" products into "Created in China" ones. In 2022, China's business revenue from the cultural industry reached RMB 16,550.2 billion ($2,261.57 billion). Sixteen industry subcategories with more distinct characteristics of new cultural business forms, including digital publishing, animation, game digital content services, and wearable intelligent cultural equipment manufacturing, achieved business revenue of RMB 5,010.6 billion ($684.70 billion), up by 6.7 percent over the previous year, with a growth rate of 5.7 percentage points, faster than that of all cultural industries.[1] The expansion and growth of the new cultural business forms have forcefully accelerated the transformation and upgrading of industries and their structural optimization.

3. Cultural Empowerment: Culture Drives Economic Development

From the production experience in cultural heritage preservation to the development effectiveness accumulated through promoting humanistic ideas, and from the momentum forward generated through national ethos to the development direction guided by the value system, culture has gathered a robust centripetal force for China to build itself into a socialist modern country, and converged a tremendous force driven by Chinese modernization to promote the great rejuvenation of the Chinese nation on all fronts.

Stimulating Spiritual Motivation

"Without the active guidance of advanced culture, the great

[1] Report on the Development of National Culture and Related Industries in 2022, National Bureau of Statistics of China, June 29, 2023, http://www.stats.gov.cn/sj/zxfb/202306/t20230629_1940907.html.

enrichment of people's spiritual world, and the continuous strengthening of national ethos, it is impossible for a country or a nation to stand tall among the nations of the world."[1] Guiding high-quality development with culture is not only about enabling people to have spiritual enjoyment and enrichment but also about building a new value system and generating inexhaustible motivation for personal and national advancement.

On July 6, 2023, when President Xi Jinping inspected the city of Suzhou in Jiangsu Province, he met Lu Jianying, a representative inheritor of Su embroidery, who worked in a store in the historic cultural block of Pingjiang. He was awe-struck after learning that a Su embroidery piece might take a year to complete. "Su embroidery mirrors how strong the inheritance of Chinese culture is. Such craftsmanship reflects the Chinese people's resilience, patience, and determination, which is part of the Chinese national ethos," he said.

Holding China's first land auction, the stock exchange in Shenzhen takes the lead in centralized trading and has established the country's first foreign exchange swap center. As the pioneer, forerunner,

[1] Compilation of Excerpts from Xi Jinping Thought on Socialism with Chinese Characteristics for a New Era, Central Party Literature Press & Party Building Reading Material Publishing House, the 2023 edition, page 305.

and experimental zone of China's reform and opening up, Shenzhen Special Economic Zone (SEZ) has created around 1,000 “firsts in China” and achieved the historic transformation from a backwater border town to an international metropolis with global influence. The Economist, a British magazine, once remarked: “The world now counts about 4,300 SEZs, and more are being added all the time. Fans of SEZs can point to several success stories, none bigger than China's zone near Hong Kong, set up in 1980 and since dubbed ‘The Miracle of Shenzhen.’” What lies behind “The Miracle of Shenzhen” is the SEZ Spirit of daring to try, daring to lead, and working hard. Now entrusted with the new mission and task to build itself into a pilot demonstration area of socialism with Chinese characteristics with comprehensive reform, Shenzhen is adhering to its SEZ spirit to write new chapters of its successful story.

Fine Chinese culture crystallizes the most profound spiritual pursuit of the Chinese nation and represents its unique spiritual identity. Among the Chinese ethos, the national spirit of placing the nation above oneself, wholehearted dedication to the country, the spirit of reform and innovation, the belief in rewarding hard work by natural laws, and the virtues of benevolence, righteousness, propriety, wisdom, and trustworthiness collectively form the cultural character of the Chinese nation. Where revolutionary culture is concerned, the founding spirit of the Party, the Jinggangshan spirit, the Long March spirit, the Yan'an spirit, and the Xibaipo spirit have led the Chinese nation to achieve independence. Where the advanced socialist culture is concerned, the Hongqiqu Canal spirit, the SEZ spirit, the manned space program spirit, and the model worker spirit have driven China to create world miracles of rapid economic development.

As China is set to embark on a new journey, culture will be an essential source of power to overcome all kinds of risks and challenges along the path forward. Having gone through ups and downs, Chinese culture has provided enormous spiritual power in practice, consolidating the spiritual homeland of the Chinese nation and reinforcing the cultural confidence of the Chinese people.

Realizing Value Guidance

China's fine traditional culture and traditional virtues serve as "an important fountain" of nurturing core socialist values and building a modern Chinese civilization.

China has permanently attached great importance to culture as a value guide in economic development. For example, when governments set economic development goals and roll out economic and social policies and significant reform measures, or when enterprises carry out all kinds of economic activities, they must conform to the requirements of core socialist values, pay attention to the organic unity between economic behavior and value orientation, between economic and social benefits, thus achieving a positive interplay between market economy and moral construction. Meanwhile, China has been promoting the primary content of the core socialist values to make them part of all Chinese people's emotional identification and behavioral habits.

We should advocate dedicating ourselves to our professions and selflessly devoting our efforts to benefit society, thereby creating a fulfilling life through our dedication. At factory workshops, there are "blue-collar" youths who practice their skills hard and strive for excellence to help "made in China" and "created in China" products go global; in the fields, there are "new farmers" born in the 1990s and 2000s, who work tirelessly and farm intensively, to ensure China's food security; at the construction sites, there are youth migrant workers who work round the clock to create the miracle of "tall buildings rising straight from the ground overnight"...

We must advocate honesty, trustworthiness, and down-to-earthness to benefit ourselves and others. A well-known line in The Analects of Confucius reads: "A man without honesty is capable of nothing." In Chinese values, honesty is fundamental to both establishing oneself in society and governing the country. Qufu in Shandong Province, the birthplace of Confucianism, has been exploring new paths for integrating the practice of fine traditional Chinese culture and the culture of honesty for the new era with the social credit system construction. The city has also been incorporating honesty cultivation into the critical tasks in rural areas, including promoting virtues and a healthy lifestyle in the new era, revitalizing villages, and pushing forward rural honesty building by encouraging villagers to practice good family values and do good deeds in everyday life.

We must advocate harmony, friendliness, and mutual help, giving full play to the power of charity. Supporting philanthropy through voluntary donations has become a common choice for wealthy people and responsible enterprises. It is also a meaningful way to play the role of philanthropy in the third distribution. Charity in China goes back to ancient times. As early as the Eastern Han Dynasty (AD25-220), there were private charitable undertakings, such as poverty and disaster relief. Nowadays, more and more Chinese entrepreneurs and ordinary people with a healthy outlook on wealth are willing to donate their earnings to help others. The recent three years have seen over 10 billion people participate in Internet philanthropy every year; as of the end of 2022, over 10,000 charitable organizations had been registered in China, charitable trust contracts had exceeded RMB 4 billion ($550 million), and the total annual philanthropic donations had exceeded RMB 200 billion ($27.34 billion).

Increasing Development Effectiveness

In 2005, the Qingtian symbiotic rice-fish aquaculture system, developed in Lishui City of Zhejiang Province, was recognized as China's first globally important agricultural heritage system.

A millenary agroecological practice and lifestyle, the symbiotic relationship between fish and rice production reflects the idea of making the best use of the rice paddies and embodies the unity of heaven and man, forming a circular, ecological agricultural practice. After more than a thousand years of development and optimization in modern days, the local community has established an agricultural model in which the paddy is for growing rice and the water is for growing fish, while the fish waste provides fertilizer for the paddy, and fish and rice coexist with each other. This model has not only improved the lives of farmers but also instilled in them a sense of gratitude to nature.

To date, nineteen sites in China have been added to the list of globally significant agricultural heritage systems, making it the largest single contributor to the list. From the symbiosis between rice and fish and the rain-fed terrace farming system to rural landscapes featuring village houses, ancient trees, and long alleys, China's globally important agricultural heritage systems epitomize the ecological concept of "using natural resources in a moderate, measured manner" and the prevailing beliefs that farming and reading are the foundation for a man to succeed in society, and neighbors should support and help each other. Altogether, they tell vivid Chinese stories, one after another, to the world agricultural community. Over millennia, the Chinese nation has developed a farming culture that can be summarized as "conforming to the season, adopting appropriate conditions, observing farming rules, and living in harmony with nature." It not only guides agricultural production but also embodies Chinese civilization, which is an essential contribution of Chinese agricultural civilization to the world.

China is stepping up efforts to pursue rural vitalization on all fronts. The agricultural wisdom, ecological philosophy, and villagers' autonomy conveyed in agricultural heritage share close internal connections with the rural vitalization strategy requirements: "building rural areas with thriving businesses, pleasant living environments, social etiquette and civility, effective governance, and prosperity." It can significantly fuel China's rural vitalization and Chinese-style modernization.

At the foot of the Great Wall and by the Yanqi Lake, Beijing's Huairou District is leveraging its cultural resources and historical heritage to build a humanistic environment, unleash its cultural potential, and promote the construction of a humanistic Huairou.

Formerly known for its "lucid waters and lush mountains," this outer suburb of Beijing has become one of the areas with the highest concentration of major national scientific and technological infrastructure. In March of 2023, the linear accelerator of China's high-energy synchrotron radiation light source successfully accelerated its first electron beam. A series of "pillars of the great power," such as the synergetic extreme condition user facility and the Earth System Science Numerical Simulator Facility, have already been implemented.

Culture is the soul, and spirit is the driving force. The Huairou district in Beijing has put forward the humanistic development concept of "openness, inclusiveness, and innovation," which is converging power, guiding practice, and improving efficiency to help the district create the "1+3" integrated development pattern spearheaded by Huairou Science City, and build its three "name cards": Huairou Science City, International Conference Capital, and China Film Capital.

4. Strong Support: Economic Development Enriches Cultural Connotation

In a broad sense, culture encompasses the sum of material and spiritual production capacity and the material as well as spiritual wealth created by human beings in social practice. All economic behavior is cultural behavior, all commodities and services are carriers of culture, and all wealth is the crystallization of cultural value. From the perspective of humanomics in the new era, economic development creates cultural value, builds a cultural environment, shapes cultural spirit, and continuously enriches the connotation of culture. Furthermore, it epitomizes the cultural heritage, features of the times, and profound influence of modern Chinese civilization.

Economic Development Creates Cultural Value

Where to have the best barbecue? Zibo in Shandong! The three-piece set of pancakes, scallions, and dressings makes up the soul of a great barbecue. Since March 2023, Zibo barbecue has become a sensation on the Internet and soon shot to national fame. Thanks to the Zibo barbecue craze, travel orders to Zibo during the May Day holiday soared by 2,000 percent year over year, attracting tourists from around the country. The barbecue craze in Zibo is not merely a fad but has also given rise to a typical cultural phenomenon. Behind it are an equal and open exchange, a free and relaxing ambiance, and a respectful and inclusive attitude. Hence, Zibo barbecue is more of a cultural feast than a gourmet meal.

Food can always evoke emotional resonance. Using food as the carrier and culture as the core can often catalyze new cultural phenomena, experiences, and values. Since the 2012 smash hit food documentary A Bite of China, documentaries introducing the food culture and customs of various places in China have become an important genre and achieved wide popularity. Food documentaries such as The Story of Chuaner, A Bite of Guangdong, Once Upon a Bite, and A Taste of Xinjiang have guided the audience to sample local delicacies and visit famous restaurants. To a large extent, people's enthusiasm for food is about the desire to experience the local culture and customs of various places.

The rapid economic and social development in recent years has given rise to a youth community characterized by a diverse lifestyle with multiple identities and occupations. By day, they may be designers, programmers, and company employees, dressed professionally and walking in office buildings; at night, they may be livestream broadcasters talking enthusiastically in front of the camera, fitness coaches sweating at the gym, or designated drivers chauffeuring customers to their destinations. As these youth often introduce themselves with slash symbols, for example, a writer/illustrator/photographer, they are called the "slash youth."

In the era of information technology, the development of the platform economy, gig economy, and crowdsourcing economy has brought about diversified job categories, job opportunities, and working methods; the richness of online information and the development of Internet technology have made it easier to switch professional roles. The rise of the service industry has allowed individuals to become independent service providers. "Slash youth" has become synonymous with the community's attitude towards life: being eager to be exposed to new things constantly, acquiring new knowledge, trying new jobs, and having new life experiences. A survey shows that the number of "slash youths", mainly those born in the 1980s and those born before 1995, has exceedcd 80 million nationwide. The emergence of this group has not only become a social fashion but created new cultural value.

Culture enables an economy to develop a deeper foundation, and the economy allows for culture to create more diversified value. Cultural elements prevail in the content of economic activities or the economic development trend. The ever-enriching cultural connotation and mushrooming of cultural phenomena fully reflect the humanistic pursuit in the economy, interpret the mechanism of humanomics in the new era, maximize economic development, and promote cultural inheritance.

Economic Development Builds a Cultural Environment

With the success of the unparalleled 2022 Beijing Winter

Olympics, the Beijing-Zhangjiakou region's long history, rich culture, and pleasant scenery have been engraved with the Olympic rings that shine worldwide. Thanks to the construction of sports facilities, the integration of Olympic memories, and the accelerated development of the area, the Beijing-Zhangjiakou region, which boasts a profound cultural heritage, is home to more sports tourism resources and a new cultural environment.

The new cultural environment has provided new opportunities for the region's development. The Beijing-Zhangjiakou Culture and Sports Tourism Belt Construction Plan was issued in 2022. The belt integrated the rich cultural, tourism, and sports resources along the way they were aligned, such as Olympic venues, ice and snow sports, industrial heritage sites, the Great Wall, and the natural landscape. A tourism map was published, and the development was coordinated in the region to add strong impetus to its economic growth.

From a broader perspective, regional exchanges, collaboration, and integrated development can create a new cultural space and build a new cultural environment for the region. For example, the construction of the Beijing-Tianjin-Hebei region, the Yangtze River Delta, and the Guangdong-Hong Kong-Macao Greater Bay Area, the three primary sources of driving force for high-quality development, has helped people in these geographically and culturally close areas to develop a stronger sense of their cultural identities, hence bringing the regional economic development to the next level.

In an even broader context, historical progress, changing times, and technological upgrading have promoted the development of more industries and changed how people work, live, and socialize. For example, the development of the transportation and information industries has dramatically shortened the distance, saved time in people's work and life, and made everything more convenient and efficient. In such a new cultural environment, people's work behavior, life philosophy, and networking style have also changed. It shows that the cultural climate supports economic development, and the latter promotes the former. The interaction and integrated development between culture and economy rebuild the cultural environment, which can become a new environment for economic growth, promoting economic development, cultural inheritance, and historical progress.

Innovative Development Shapes the Humanistic Spirit

Through unremitting and arduous efforts over the past few years, the Chinese people have conquered one after another height in science and technology: from transporting astronauts to the Tiangong space station which China has developed on its own to commercially debuting its homegrown large passenger plane C919, from artificially synthesizing starch with plant photosynthesis to enabling the "China Sky Eye" telescope to detect the persistently active repeating fast radio burst, and from developing the country's third-generation nuclear power technology through the "Hualong One" demonstration project to building a global constellation of navigation satellites known as the BeiDou system...

Innovation is the first driving force for development, and the innovation-driven development strategy is one of China's core strategies for growth, which is a robust response to the topics of the times: building a new development pattern and promoting high-quality development. Since ancient times, innovation has been an endogenous driving force of Chinese civilization and the source of strength for the inheritance and development of Chinese culture. Through their interaction with the economy, Chinese people's innovative ideas have remained vigorous, radiated the splendor of the times, and become part of the character of the Chinese nation and its humanistic spirit.

The China-Laos Railway, a landmark project under the BRI, was inaugurated in December 2021, helping Laos realize its dream of becoming a land-linked country from a land-locked one. On the eve of the railway's opening to traffic, Chinese President Xi Jinping received a joint letter from nine Lao students who had studied railway engineering in Shanghai. It read, "The world's most advanced railway extending from China to Laos also connected with the heart of every one of us..."

Over the decade since the BRI was first proposed, it has attracted more than three-quarters of the world's countries and 32 international organizations to participate, propelling an investment scale close to one trillion US dollars. This road of hope, which carries the memories of civilizations and dreams of the future, has created one global development miracle after another: Kenya now has its first modern railway, the Maldives its first cross-sea bridge, Belarus its car manufacturing industry, the Port of Piraeus in Greece has regained its vitality, and the Smederevo steel plant in Serbia has achieved new glories...

The values of "one world, one family" "striking a balance between justice and interests with a priority to justice" and "making harmony a top priority and pursuing harmony in diversity" have provided abundant cultural nourishment for jointly constructing the BRI and promoting world economic development and global progress, and shaped the humanistic spirit of "developing ourselves to help others with the well-being of the world in our mind." It is not only a new form of human civilization created by Chinese modernization but also a new form of human civilization developed in building a community with a shared future for humanity.

Chapter 4

Methodology for Integrated Development of Humanities and Economy

The times are the mother of ideas; practice is the source of theory. All epoch-making theories are the products of meeting the needs of the times. Theories that are used to observe the times, grasp the times, and lead the times must reflect the voice of the times. They must be in touch with the practices of the times but continue to summarize the practical experience and condense it into the ideological essence of the times.

— Xi Jinping

As the light of wisdom shines through history, new findings can be derived from old things to guide the future. According to ancient Chinese philosopher Confucius, three necessary conditions for the prosperity and development of a nation are "a flourishing population" "a prosperous economy" and "an advanced education system", which points to people, economy, and culture. Since the start of the new era, under the guidance of Xi Jinping Thought on Socialism with Chinese Characteristics for a New Era, the CPC has deepened its understanding of the laws of economic and social development and the laws of socialist economic construction. It has united and led hundreds of millions of people to surmount difficulties and fight tenaciously, achieving world-renowned achievements and vividly epitomizing the practical power of humanomics in the new era. Focusing on the three significant elements of people, culture, and economy, properly handling the relationships between material and spirit, tradition and modernity, efficiency and fairness, as well as self-reliance and mutual learning have become the essential meaning of religiously practicing humanomics in the new era.

1. Grasping the Relationship Between the Material and the Spiritual

Material and spiritual civilizations summarize and crystallize all human achievements in understanding and transforming the world. Staying committed to coordinating the development of material civilization and spiritual civilization is not only a major theoretical issue but also a significant practical proposition. "As skyscrapers are being built as a forest across our country, the skyscraper of the spirit of the Chinese nature should also stand out majestically."[1] Correctly grasping the relationship between material civilization and spiritual civilization and solidly promoting all people's material and spiritual prosperity are the fundamental requirements of socialist modernization and the profound connotation of humanomics in the new era.

The report to the 20th National Congress of the CPC pointed out that Chinese modernization harmonizes material and spiritual civilization. China has been continuously building a solid material foundation for modernization and consolidating the material conditions of a happy life for its people. Meanwhile, it has been vigorously developing advanced socialist culture, strengthening the education of ideals and beliefs, inheriting Chinese civilization, and promoting the all-round enrichment of the material and the all-round development of people.

The material world ensures the spiritual world. People can only possibly have a spiritual life with a sound material foundation. In advancing Chinese modernization, the CPC has continuously created

[1] Xi Jinping: Speech at the Forum on Literature and Art, Xinhua News Agency, Oct 14, 2015.

material wealth, built solid economic conditions, and satisfied the people's yearning for a better life. Since entering the new era, China has historically eliminated absolute poverty, achieved a historic leap from a low-income country to an upper-middle-income one, and promoted all-round improvements in people's lives.

The spiritual world shapes the material world. Without the active guidance of advanced culture, the significant enrichment of people's spiritual world, and the continuous strengthening of national ethos, it is impossible for a country or a nation to stand tall among the world's nations. Humanomics in the new era has kept supplying rich spiritual nourishment to meet people's new expectations for a better life. Since entering the new era, China has been perfecting its public cultural service system, building over 3,000 public libraries and over 3,000 cultural centers and opening over 90 percent of museums for free. "The Village Gala" "The Village Super League" and "The Village BA" have won widespread acclaim. The spiritual life of urban and rural residents has become more prosperous and colorful, the cohesion and centripetal force of the whole society have been greatly improved, and the spirits of historical initiative and historical creation have continued to grow.

As the principal contradiction in Chinese society has turned into the contradiction between the ever-growing needs of the people for a better life and unbalanced and inadequate development, people have not only set higher requirements for their material well-being but also have ever-growing demands for their spiritual enrichment. It is the tireless pursuit of the Communist Party of China to promote the coordinated development of material civilization and spiritual civilization in an overall manner and to pursue a development pattern in which the affluence of material life and that of spiritual life are integrated and mutually reinforcing.

2. Grasping the Relationship Between Tradition and Modernity

According to the ancient Chinese classic *Yijing* (*I Ching*), or the *Book of Changes*: "If people are educated with culture, including rites, rules, and regulations, they will exercise moderation in their action, doing what they should do and stop where they should stop." Using the power of civilization to help people achieve perfection is the humanistic spirit that ancient Chinese people advocated. Within the context of humanomics in the new era, culture is not only a product of social production but also participates in the production process. It constitutes specific productivity and constructs production relations that affect productivity. Advanced culture can continuously enrich the connotation of economic development, add more value to economic products, promote their upgrades and industrial transformation, and continue to transform itself into a momentum for economic and social development.

Humanomics in the new era is the product of combining the basic tenets of Marxism with China's specific realities and with China's fine traditional culture. To grasp the relationship between tradition and modernity is correctly handling the relationship between China's fine traditional culture and the modern Chinese civilization.

Traditional culture is the foundation and root of modern civilization, which embodies the progress and development in the evolution of human history and is the inevitable product of human civilization. The various traditional cultures formed and accumulated in history are the basis for realizing modern civilization. Denying traditional culture is equal to denying history, rejecting the national ethos, and artificially cutting off one's own "roots".

It is necessary to cherish our cultural roots. Since socialism with Chinese characteristics entered a new era, the CPC has made it clear that "confidence in one's culture, which is a broader, deeper, and more fundamental form of self-confidence, is the most essential, profound, and enduring source of strength for the development of a country and a nation." The Party has also made the "two combinations" (namely to combine the basic tenets of Marxism with China's specific realities and fine traditional Chinese culture) as the fundamental approach to promoting the adaptation of Marxism to Chinese context and the needs of the times. In upholding fundamental principles and breaking new ground, the Party has promoted the creative transformation and innovative development of fine traditional Chinese culture to create a new atmosphere for Chinese culture and stimulate the new vitality of Chinese civilization. For example, the BeiDou navigation satellite system, Chang'e lunar missions, Xihe solar exploration satellite, Tianwen-1 Mars probe, and Tianhe space station core module show that the names of a series of China's major scientific and technological achievements are imprinted with traditional culture. In contemporary China, the spirit of fine traditional Chinese culture constantly releases new and powerful vitality, nourishing the practice of humanomics in the new era.

Modern civilization is the inheritance and innovation of traditional culture. It is necessary to develop traditional culture while inheriting it and break new ground while upholding fundamental principles to better connect and combine modern civilization with traditional culture. The Beijing Winter Olympics wowed the world, showcasing the image of China in the new era as a confident, inclusive, and open country; the Tang Paradise in Xi'an transports tourists back to a millennium ago, demonstrating that the spirit of Chinese culture is like the ocean admitting all rivers; an array of cultural heritages such as Beijing's Central Axis and the Beijing-Hangzhou Grand Canal have been revitalized and become popular, radiating new charm of the new era...Chinese culture is magnificent and dazzling.

While advancing Chinese modernization, the CPC has been carrying forward the ancient Chinese civilization and passing on its excellent achievements without losing direction and making disruptive mistakes. In the meantime, the Party has been adopting the latest achievements of human civilization, keeping abreast of the times, bringing forth the new while passing on the legacy, and guarding it from generation to generation, effectively coping with various challenges on the path to modernization.

3. Grasping the Relationship Between Efficiency and Equity

Efficiency and equity are the two primary policy goals pursued by economic and social development, and they are also the two fundamental value yardsticks by which to measure the progress of human society. Efficiency and equity have been significant issues that philosophers, economists, sociologists, and jurists have constantly explored and debated for centuries. Especially when significant changes occur in societal politics and economy, the relationship between efficiency and equity consistently emerges as the focus of people's attention. It is also an important relationship that humanomics in the new era needs to grasp.

To practice humanomics in the new era is to balance, promote, and unify the relationship between efficiency and equity. We should not one-sidedly pursue efficiency that would objectively cause the Matthew Effect, which means the rich get richer and the poor get poorer, nor should we one-sidedly seek equity, which can stifle social vitality.

Equity is based on efficiency, which must be improved to "make the cake bigger". From a horizontal comparison, human modernization development models are characterized by improving production efficiency and expanding development scale. From the practice of humanomics in the new era, the CPC has fully realized that it is necessary to maintain reasonable economic growth and always adhere to "development as the absolute principle" to achieve socialist modernization. The Party has improved the quality and efficiency of the supply system through supply-side structural reform, stimulated market vitality by further streamlining administration and delegating power, eased burdens on enterprises by significantly reducing taxes and fees, established a unified national market, and advanced reforms for the market-based allocation of production factors. Since the 18th National Congress of the Communist Party of China, a series of reform measures have been rolled out, dramatically enhancing economic and social development efficiency.

Equity is the prerequisite for efficiency, and we must promote fair sharing of the "cake" of development results. Poverty is not socialism, nor are wealth disparity and polarization. Chinese modernization is one of common prosperity for all people, which emphasizes maintaining and promoting social fairness and justice, striving to advance prosperity for all, absolutely preventing polarization, and allowing everyone to share the fruits of reform and development and participate in the building of modernization. It requires higher efficiency than capitalism, more effectively safeguarding social equity and achieving a balanced, mutual promotion, and unity between efficiency and fairness. From improving the income distribution system to promoting equalization of essential public services to proactively addressing regional disparities, urban-rural disparities, and income divides, China has established a set of ideological concepts, institutional arrangements, and policy measures to promote common prosperity for all people, which has become the distinctive value foundation of Chinese-style modernization.

4. Grasping the Relationship Between Self-reliance and Mutual Learning

Self-reliance and mutual learning refer to the relationship between cultural self-reliance and mutual appreciation among civilizations. Cultural self-reliance means seeking "harmony in diversity" among cultures, and different countries are committed to the autonomy, independence, and self-reliance of their own cultures and keep innovating themselves on a historical, spiritual initiative, with a high degree of cultural awareness and firm confidence in their cultures. Mutual learning among civilizations refers to strengthening exchanges and mutual appreciation between the world's different civilizations, which is the humanistic foundation for building a new form of human civilization. Self-reliance and mutual learning share a mutually consistent internal relationship. To grasp the relationship between the two is to clarify the development logic of endogenous and exogenous development of Chinese modernization.

Xi Jinping pointed out that we must strengthen our confidence in our culture, persist in following our path, base ourselves on the Chinese nation's significant historical and contemporary practices, use Chinese principles to summarize the Chinese experience, upgrade it into the Chinese theory, and achieve spiritual independence. Staying committed to the Chinese path to modernization independently does not mean eliminating the differences among civilizations, nor does it mean rejecting the advanced achievements of other civilizations. Civilizations are more colorful through exchanges and enriched by mutual learning. Humanity has always been moving forward through the encounter and mutual understanding of different nations and cultures.

Self-reliance is the foundation and prerequisite for mutual learning, emphasizing the historical spiritual initiative. Without spirit, man cannot establish themselves in society, and a country cannot be strong. Socialism with Chinese characteristics not only follows the scientific guidance of Marxism but also has integrated the traditional wisdom of more than 5,000 years of Chinese civilization. It is the fruit of integrating the basic tenets of Marxism with China's specific realities and its fine traditional culture. By adhering to and developing socialism with Chinese characteristics and promoting the coordinated development of material, political, spiritual, social, and ecological civilizations, China has created a new path to modernization and a new form of human civilization.

Mutual learning fosters favorable conditions for self-reliance and requires open, receptive, and inclusive exchanges, retaining our cultural essence while absorbing external influences. Chinese civilization has stayed uninterrupted through the vicissitudes of more than 5,000 years. Through continuous cultural interactions and integration with other cultures, it has accumulated its most profound wisdom and pursuits of Chinese civilization, providing rich nourishment for the Chinese nation to thrive and grow. The outlook on a world of "harmony in diversity" underpins Chinese civilization and represents the unique spiritual identity of the Chinese nation. Humanomics in the new era accepts the essence of foreign cultures with a broad mind, incorporates them into itself, and constantly digests, integrates, and innovates to establish a civilizational outlook of equality, mutual learning, dialogue, and tolerance. It upholds civilizational diversity, advocating that we must let cultural exchanges transcend estrangement, let mutual learning transcend clashes, and let coexistence transcend feelings of superiority.

Chapter 5

A Contribution to the World: Creating a New Form of Human Advancement

We are ready to work together with the international community to open up a new prospect of enhanced exchanges and understanding among different peoples and better interactions and integration of diversified cultures. Together, we can make the garden of world civilizations colorful and vibrant.

—Xi Jinping

Modernization is the common pursuit of humanity. Modernization generated rapidly developed productivity in the past but also brought about a series of global problems, such as over-materialistic desires, income polarization, and environmental disruption. Chinese modernization practice has generated and developed humanomics in the new era, which created a new form of human advancement and inspired the cause of human progress.

1. Promoting the "Humanistic Return" of Economics

As a theory that studies and explains the laws of human economic behavior and social and economic development, economics also affects and counter-reflects the above two.

Influenced by Western rationalism, economics has gradually abandoned the early humanistic tradition, simplifying the comprehensive and real individuals with multidimensional needs into the one-sided, rational "economic man" who seeks to maximize personal utility. Based on the fundamental assumption of the latter, the discipline built up a theoretical paradigm for analyzing and deducing economic growth.

However, "economic man" is only one dimension of human beings after all. Guided by the economic theory based on the "economic man" hypothesis, people have achieved rapid economic development, leading to many problems, such as alienation of human nature, materialism, and wealth disparity.

Ronald Harry Coase, a recipient of the Nobel Memorial Prize

in Economics and the founder of the New Institutional Economics, proposed in the 1990s that the economics discipline has changed from a moral science regarding wealth creation by men to a cold logic of resource allocation, at the expenses of losing depth and richness of human nature. Modern economics is no longer the study of human beings, and it has lost its roots and deviated from the economic realities.[1]

Compared with the mainstream Western economics based on the "economic man" hypothesis and the economic practices under its guidance, humanomics of the new era that emerges from Chinese practice contains general laws of economic development and promotes the "humanistic return". It adheres to the people-centered approach, fully considers people's subjectivity and multidimensional needs, focuses on how to meet people's aspirations for a better life, and aims for the ultimate free and comprehensive development of people.

This "humanistic return" is also reflected in different understandings of and pursuits for modernization. From the perspective of humanomics in the new era, modernization is not only about "things", such as economic growth, science and technology

---

[1] [US]Deirdre N. McCloskey: "Bettering Humanomics: A New, and Old, Approach to Economic Science", by China Translation and Publishing House,Page 6.

advancement, and material abundance, but also about "people". Xi Jinping pointed out: "The ultimate goal of modernization is people's free and well-rounded development. For a modernization path to work and work well, it must put the people first. Modernization is not only about indicators and statistics on the paper but more about delivering a happy and stable life for the people".

At present, more and more attention from the world is paid to Chinese modernization not only because of its economic growth miracle that has propelled China from a poor and backward agricultural country to the world's second-largest economy rapidly. But it is also because of China's consistent commitment to putting people first and achieving modernization. Such modernization benefits a vast population, ensures shared prosperity for all, coordinates material and spiritual civilizations, promotes harmonious coexistence between humanity and nature, and pursues a peaceful development path, thus creating a new form of human civilization.

2. Breaking the "Humanistic Paradox" of Economic Growth

How do we balance efficiency and fairness? How do we coordinate development and conservation? Can material advances keep pace with culture and ethics? No country can circumvent these questions when choosing its development path.

In the mainstream Western economic theory, “antinomies” always exist in the above questions. To some extent, humanities are even regarded as factors hampering economic growth.

In the 1930s, when envisioning human society a century later, the British economist John Maynard Keynes tried to explain the “antinomies” between economy and humanity as such, “I see us free, therefore, to return to some of thc most sure and certain principles of religion and traditional virtue-that avarice is a vice, that the exaction of usury is a misdemeanour, and the love of money is detestable, that those walk most truly in the paths of virtue and sane wisdom who take least thought for the morrow. We shall once more value ends above means and prefer the good to the useful.”

Today, nearly a hundred years later, the material abundance of developed countries has far exceeded Keynes' imagination, but the return of humanity has not come as he expected. On the contrary, the problems caused by Western economics' deviation from the humanistic spirit are getting more serious. The United Nations Development Program's “2021/2022 Human Development Report” shows that the human development index has seen a consecutive global decline for the first time in 30 years. The report also warns that human development faces multiple crises and regresses in most countries.

At the time when the global academia re-exams Western mainstream economics, the humanomics of the new era practiced in the Chinese path to modernization transcends the limited vision of Western mainstream thoughts and breaks the "humanistic paradox" of economic growth. From the perspective of humanomics in the new era, economy and humanities do not restrict each other but can coexist and promote each other. Humanities can positively drive economic growth, expand the space, and provide a more sustainable impetus for economic development to shift from "fast" to "fine" development.

Strengthening the interaction between the economy and humanity benefits both. For example, China aims for modernization to benefit a vast population and ensure common prosperity for all. That means it can benefit the entire population while generating huge market demand simultaneously, resulting in a historic leap in economic strength.

In addition, China pursues the modernization of material and cultural-ethical advancement. By doing so, it not only achieves a better life for its people but also promotes better economic and social development with high-quality demographic development. Chinese modernization also focuses on the harmonious coexistence between humans and nature, which may decelerate economic growth in certain phases but can bring more sustainable development.

"Pursuing common good for all" "embracing the world with virtue" and "harmony between man and nature"...the classic concepts in China's fine traditional culture provide the world with a methodological approach, which humanomics in the new era takes for balancing the dialectical relationship between economy and humanity, and it breaks the long-standing unsolvable "humanistic paradox" in economic growth.

3. Providing "Humanistic Resilience" to the World Economy

In January 2023, "resilience" became a buzzword among politicians, business leaders, and economists worldwide at the World Economic Forum in Davos, Switzerland. As the world economic growth suffered a significant slowdown, it became a global consensus that the world needed a longer-term and more resilient strategy to prevent the global economy from recession.

Today's world is riddled with uncertainties. "Black swans" and "grey rhino" events occur frequently, posing grave challenges to the world's economic recovery. With increasingly severe economic problems, mainstream Western economics which lacks humanistic thinking and care, has become increasingly helpless. The various measures capitalist countries take to address economic crises may be able to alleviate the troubles or help themselves out of the crises and enter a recovery or even upsurge phase after a recession. But what follows is always a new and greater crisis.

For example, in the past few years, some countries have adopted quantitative easing monetary policies to stimulate the economy in the name of "protecting the economy". However, it has led to sky-rocketing asset prices, consecutive record-high inflation, rapid price hikes, and increased burdens on people's livelihoods. After the bubble of false prosperity bursts, the outcome is a more divided distribution of wealth and a stagnated economy. The global interest rate hikes prompted by the tightening policies in developed economies have resulted in significant impacts, such as capital outflows and debt crises for many developing economies.

In the face of complex and severe challenges at home and abroad, China's economy has shown strong resilience and become a powerful anchor for the world economy. In the past three years, China's economy has grown at an average rate of 4.5% annually, much higher than the world's average of roughly 1.8% during the same period. While minimizing the impact of the COVID-19 pandemic on economic and social development, China has effectively maintained the stability of global industrial and supply chains and made significant contributions to the recovery of the world economy. A World Bank report shows that from 2013 to 2021, China's average contribution to world economic growth reached 38.6%, exceeding the combination of the Group of Seven (G7) countries.

Many factors contribute to China's economic resilience, such as a large-scale market, cross-cyclical and counter-cyclical macro adjustment, and a complete industrial chain. However, China's "humanistic resilience" should not be ignored. "Bringing benefit to the people is the fundamental principle of governance" is a quote from *Huainanzi·Fan Lunxun*, a classic of the Western Han Dynasty. It brilliantly reveals the humanistic "people-oriented" code for China's economic resilience. As the world again stands at a historical crossroads, more and more countries realize that cyclical fluctuation of the economy exists, but different starting points, methods, and paths to counter crises will determine people's well-being and a country's future.

Development is for and by the people, who should share its fruits. The secret of China's economic miracle is the people-centered thinking for development, which humanomics in the new era advocates. It provides a "humanistic economic path" for the developing countries' reference to strengthen their economic resilience and mitigate the cyclical fluctuations.

4. Inheriting and Carrying Forward the "Humanistic Genes" in Traditional Culture

A country's "humanistic genes" are often contained in its fine traditional culture.

Humanomics in the new era aligns with China's realities and characteristics. Its development experience shows that the path to modernization should not be deviated from our cultural traditions. China fully uses its fine traditional culture, seeks creative and innovative cultural development, and explores a suitable development mode based on China's realities.

Xi Jinping pointed out: "Each country has different historical traditions, cultural accumulation, and basic national conditions, and its development path must have its own characteristics."[1] Humanomics in the new era advocates the development practice based on the characteristics of the Chinese civilization, starting from meeting the

[1] " Xi Jinping's Speech at the 18th Collective Study Session of the Political Bureau of the CPC Central Committee " , Xinhua News Agency, October 13, 2014 .

needs of the Chinese people and working for the people's happiness.

History shows that a direct copy of other countries' systems without considering basic domestic realities and culture can rarely succeed, and the incompatibility may even lead to serious development problems. Chinese modernization endows humanomics in the new era with a modern power. It is not a simple copy of other countries' mode, but is a modernization that carries forward the ancient Chinese civilization and takes deep roots in the Chinese reality.

Humanomics in the new era may inspire the whole world. It neither requires other countries to draw wisdom from the Chinese civilization nor provides a universal standard for modernization, but it shows that "what suits you is the best".

The path to modern civilization bears no fixed model, and China will not impose its own development model on others. All civilizations are rich and colorful, with abundant vitality for development, and most global civilizations have "humanistic genes". China's experience is that all countries can base their development on their realities and practices and play an active role in inheriting their own fine traditional culture while promoting cultural innovation and development. By relying on their country's or nation's unique spirit and culture, leveraging the power of coordinated development among people, culture, and economy, they can independently explore the most suitable path for civilization development.

As a Chinese saying goes, a stone taken from another mountain may serve as a tool to polish the local jade. In the independent pursuit of modernization, all countries can adopt an open and inclusive attitude, actively learn from the achievements of other outstanding civilizations to promote a modern and scientific development of their own traditional national culture and create a modern form of their civilization. They will derive intellectual support and spiritual motivation for economic growth from this process.

5. Promote the "Humanistic Consensus" of a Community with a Shared Future for Humanity

The humanistic spirit often goes beyond countries and regions and cares for humanity's shared future.

In China's humanistic cultural tradition, "harmony and cooperation" are one of the core spirits, and it has been the Chinese nation's long-standing aspiration for a better human society since ancient times. It includes ties among people, such as advocating harmony, valuing peace, and focusing on exemplary governance and harmonious relationships among people and countries, such as being friendly with neighbors, rejecting the idea of the strong bullying the weak, and seeking the ideal of all people under heaven being of one family.

Similar concepts also exist in other countries and regions' humanistic cultural traditions. For example, as an African proverb goes, "One single pillar is not sufficient to build a house"; "If you want to go fast, walk alone; and if you want to go far, walk together"; A Kazakhstan proverb goes, "Where there is unity, there will be happiness"; and a German proverb says, "Those who work alone are making additions; those who work together are doing multiplications"...These thoughts are from the depth of people's heart, and are the "humanistic consensus" among most countries in the era of globalization.

With the BRI, the Global Development Initiative (GDI), the Global Security Initiative (GSI), and the Global Civilization Initiative (GCI)... the concept of a community with a shared future for humanity, embodied in the above collective human actions, has received an enthusiastic response from the international community. Through practical actions, China demonstrates that humanomics in the new era is committed to working hand in hand with other countries for win-win cooperation, making valuable contributions to solving the challenges facing the current world economy.

In pursuing maximum respective interests, economics based on rational "economic man" assumption gives rise to the cold logic of a "zero-sum game". Today's world scenario shows that the rise of anti-globalization sentiment, the evident growth of unilateralism and protectionism, and the emergence of such issues as the abuse of unilateral sanctions are deeply related to egoism and utilitarianism in Western economics.

Advocating and carrying forward the shared values of all humanity, including peace, development, equality, justice, democracy, and freedom, humanomics in the new era starts from the humanistic tradition in the fine Chinese traditional culture and follows the "humanistic consensus" in the traditional cultures of all countries. It is committed to building a community with a shared future for humanity and has been widely praised by the international community.

Conclusion

In the lengthy history of human civilization, the humanistic tradition of putting people first can be traced back to antiquity.

Modernization embodies people's aspirations worldwide for a better life, and it should have followed a human-based tradition and aimed at realizing people's free and all-round development. However, moving from antiquity to modern times, people tend to pay more attention to production development, material abundance, and wealth. “Material” pursuit gradually exceeds the care for “people”, and modernization gradually alienates itself from or even goes against humanistic traditions.

Over the past two centuries of the Industrial Revolution, the material wealth created by humankind has far exceeded those of all previous eras, significantly improving people's livelihoods. However, it also brought severe problems: intensified income polarization, over-exploration of the environment, rising unilateralism and protectionism, and a growing deficit in peace, development, trust, and governance, as well as materialism, hedonism, and extreme egocentricity...

What happened to the world? Where shall humans head for?

Amid increasing reflection and questioning, the humanistic traditions originating from the depths of a long history of human civilization are making a comeback. Economic prosperity and humanistic bloom have always been the Chinese nation's vision for a good world. The Chinese have formed the tradition of compiling classics and literature in the heyday of history. The interaction and two-way stimulation between economic prosperity and cultural thrive embodies the profound philosophy of their mutual promotion.

In the new era, President Xi Jinping insists on integrating the basic tenets of Marxism with China's specific realities and fine traditional culture. While emphasizing the fundamental function of the economy and the idea of "development being the universal key to solving all problems" he also stresses the role of culture in promoting economic development, putting forward the idea that "region with fine culture also leads in the economy" "culture is an important fulcrum to promote high-quality development" and "to meet our common challenges and create a better future for all, we look to culture and civilization to play their role, which is as important as the role played by economy, science and technology". These propositions have provided theoretical and practical guidance for promoting the culture-economy interaction in contemporary times, laid a solid foundation for humanomics in the new era, successfully opened up a path to Chinese modernization, and presented a new modernization blueprint to the world.

Each country and region has its own culture, which shines equally with the light of humanity. Humanomics in the new era inspires people to stick to the essence of "human modernization" based on specific realities and humanistic traditions of their own, adhere to the people-oriented approach, focus on integrating culture and economy, and achieve a free and all-round development of humankind.

Civilizations have become more prosperous and colorful with exchanges and mutual learning. Let us join hands to create a better world and a new form of human advancement!

Writing Explanation and Acknowledgments

The think tank report "The Humanomics in the New Era" is led by Fu Hua, President of Xinhua News Agency and Chairman of the Academic Committee of Xinhua News Agency's New China Research, as the head of the project team; Lyu Yansong, the Chief Editor, as the team's deputy head; and Ren Weidong, the Deputy Chief Editor, as the executive deputy head. Other members of the project team include Liu Gang, Cui Feng, Fu Yan, Kong Xiangxin, Chen Gang, Guo Qiang, Pang Mingguang, Yuan Junbao, Zhou Ke, Yu Wan, Zhou Rui, Cai Xinyi, Zhang Ge, Liu Aihong, He Huiyuan, Guo Honghai, Liang Jin, Feng Hou, and others.

Since the initiation in May 2023, the research team has taken more than 6 months for concentrated study sessions, in-depth investigations, writing, revision and proofreading.

During the process of report writing and releasing, experts and scholars, including Wang Lisheng, Secretary of the Party Committee of the Institute of Philosophy, Chinese Academy of Social Sciences(CASS), Wei Pengju, Dean of the Cultural and Economic Research Institute at Central University of Finance and Economics, Gao Debu, Professor at the School of Economics of Renmin University of China, Yang Chenghu, Deputy Dean of the School of Art and Communication at Beijing Normal University, Wang Shengsheng, Deputy Dean of School of Marxism at Nankai University, and Gao Liankui, Chairman of the China Forum for Original Economics, have provided valuable assistance and guidance. We extend our heartfelt gratitude to all of them.